최강의 공부 명상법

명상의 허황된 진실, 그리고 현실에서 통하는 최강의 공부 명상법!

왜 삶을 관통하며, 공부에도 도움이 되는 명상은 없을까?
왜 명상은 힐링이나 재충전이어야만 하는 것일까?
명상을 통해 자신의 내면을 정리하고, 에너지를 증폭시켜
삶의 열정을 북돋으며 공부를 잘할 수 있다면 최강이 아닐까!
삶에서 물러나며 관조하는 명상이 아닌, 보다 적극적으로
인생을 개척하는 명상이야말로 진정한 명상이 아닐까!
개인적으로 폐쇄적인 제한 조건 속에서 명상하면서 평안과
행복을 말하는 사람들을 좋아하지 않는다. 그들은 달콤한 말로
삼류 아편을 파는 약팔이에 불과하기 때문이다.
명상이 발달했다는 인도나 미얀마 등의 명상문화를 보면,
'이런 게 만일 명상의 결과라면 나는 명상을 포기하겠다'라는
생각이 절로 든다.
나는 어린 시절 『의천도룡기』, 『사조영웅전』 등 김용 유(類)의
무협 소설이 풍미하던 시대를 살았다. 장풍과 경공술이 만연한
협객들의 판타지가 존재하던 공간. 이연걸이나 견자단으로
대표되는 영화들은 『해리포터』의 호그와트 같은 환상을
가시적으로 만들곤 했다.

그러나 2017년 종합격투기를 수련한 쉬샤오둥이 중국무술의
허구성을 폭로하면서 환상의 제국은 처참히 무너진다.
여기에 유튜브 시대는 실전성 없이 화려하기만 한 중국무술의
허위를 영원히 박제해 버렸다.

해서 사람들은 쉬샤오둥을 초능력의 사기를 폭로한 제임스
랜디에 비견하곤 한다. 마술사 출신인 제임스 랜디는 "누구라도
내 앞에서 초자연 현상을 보인다면 100만 달러를 주겠다"라는
슬로건을 걸고, 초능력자를 사냥한 인물로 유명하다.

현대에 들어 갑작스럽게 명상 수요가 폭발하자, 자기 체험적인
주장만 있는 방식들이 범람하고 있다. 특별한 철학도 없고
실전성도 없이 개인의 체험만을 유도하는 명상, 이것은
망상이나 환각과 무엇이 다른가!

'명상을 해서 내면만 행복한 것'과 '죽은 뒤에 천국을 간다'는
주장은 무엇이 다른가? 이들은 지금의 현실에서는 쓸모없는
또 다른 방식의 패배자가 취하는 자위행위는 아닐는지
의심이 든다.

명상은 화려한 중국무술이 아닌 종합격투기처럼 실전적이어야
한다. 이를 통해서 내면은 물론 외부 환경도 함께 바꿀 수
있어야만 한다. 단순한 방법으로 공부 효율을 극대화하고
스트레스를 극복하며 자신의 내면을 정리해서 삶의 가성비를
높이는 것, 이것이야말로 이 시대에 필요한 진정한 명상의
가치다.

나는 소수만을 위한 값비싼 루왁 커피를 만들 생각이 없다.
내가 추구하는 것은 모든 이들이 간편하게 즐기는 믹스커피다.
내가 말하는 명상은 믹스커피처럼 손쉬운 방식으로 나를
극대화하는 것이다. 이런 간편함 속에서, 내면은 물론 현실을
바꿀 수 있어야만 진정한 가치라고 생각하기 때문이다.

루왁 커피는 이후의 가치로도 충분하지 않은가!

크기는 하지만 현실에서는 쓸모없는 모든 허학(虛學)을 버리는 것, 이것이 진정한 명상의 시작이다. 현실과 유리되지 않는 명상을 통해 내면의 효율을 높여 성적을 향상시키고 스트레스를 극복한다면, 성공과 내적인 행복은 우리의 삶에 동시에 깃들기 때문이다.

현실을 관통하는 명상의 추구자
일우자현 씀

5

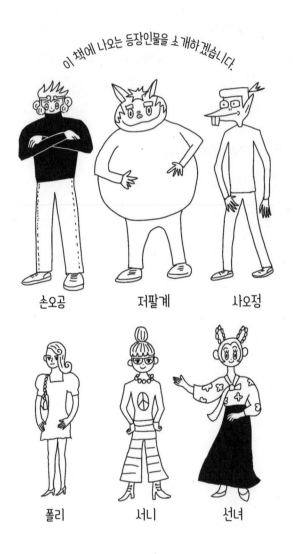

이 책에 나오는 등장인물을 소개하겠습니다.

손오공　　　저팔계　　　사오정

폴리　　　서니　　　선녀

위의 6명의 등장인물이 어떻게 하면 효율적으로 공부를 해서
원하는 목적을 이룰 것인가를 재미있고, 이해하기 쉽게 술술 풀어줄 것입니다.

차례

서문 ⋯⋯⋯⋯⋯⋯⋯⋯⋯⋯⋯⋯⋯⋯⋯⋯⋯⋯⋯⋯⋯⋯⋯⋯⋯⋯ 3

1. 나는 기억력이 없다 ⋯⋯⋯⋯⋯⋯⋯⋯⋯⋯⋯⋯⋯ 12
2. 공부가 노력이라고? ⋯⋯⋯⋯⋯⋯⋯⋯⋯⋯⋯⋯ 14
3. 판을 뒤집을 용기 ⋯⋯⋯⋯⋯⋯⋯⋯⋯⋯⋯⋯⋯ 16
4. 암기력이 아닌 창의력의 시대 ⋯⋯⋯⋯⋯⋯ 18
5. 내면의 아이돌은 누구나 될 수 있다 ⋯⋯⋯ 20
6. 뇌로 생각한다는 것은 과연 맞는 판단일까? ⋯⋯ 22
7. 공부법으로서의 명상 ⋯⋯⋯⋯⋯⋯⋯⋯⋯⋯ 24
8. 잡념을 내 편으로 만들어라 ⋯⋯⋯⋯⋯⋯⋯ 26
9. 돋보기로 종이를 태우는 집중의 힘 ⋯⋯⋯⋯ 30
10. 스티브 잡스는 외계인이 아니다 ⋯⋯⋯⋯⋯ 32
11. 내가 모른다는 점에 집중하라 ⋯⋯⋯⋯⋯⋯ 34
12. 가속도가 붙는 시간의 움직임 ⋯⋯⋯⋯⋯⋯ 36
13. 시간의 흐름을 늦추는 방법 ⋯⋯⋯⋯⋯⋯⋯ 38
14. 일주일 동안 천장 보기 ⋯⋯⋯⋯⋯⋯⋯⋯⋯ 40
15. 깨끗한 환경이 건강을 담보하지 않는다 ⋯⋯ 42
16. 적절한 스트레스는 삶의 원동력 ⋯⋯⋯⋯⋯ 44
17. 잠과 지능의 비례관계 ⋯⋯⋯⋯⋯⋯⋯⋯⋯⋯ 46
18. 무의식의 힘을 믿어라 ⋯⋯⋯⋯⋯⋯⋯⋯⋯⋯ 48
19. 우주의 눈으로 세상을 보라 ⋯⋯⋯⋯⋯⋯⋯ 52
20. 하늘의 눈으로 보면 여유로움이 깃든다 ⋯⋯ 54
21. 공부에도 안전장치가 필요하다 ⋯⋯⋯⋯⋯ 56
22. 두 개의 눈과 두 가지 기억 ⋯⋯⋯⋯⋯⋯⋯ 58

23. 하나만 아는 것은 하나조차 모르는 것이 되기 쉽다 ⸺ 60

24. 우리는 왜 다이어트에 실패하는 것일까? ⸺ 62

25. 내면의 안티를 정리하라 ⸺ 64

26. 기억력이 없으면 새로운 구상을 하기 쉽다 ⸺ 68

27. 느낌과 이미지로 기억하라 ⸺ 70

28. 바뀔 수 있는 것에 집중하라 ⸺ 72

29. 자신의 현 상태를 이해하고 솔직해져라 ⸺ 74

30. 나를 위한 공부의 미덕 ⸺ 80

31. 애플이 샤자라면 삼성은 하이에나다 ⸺ 84

32. 변화를 따라가면서 리드하라 ⸺ 86

33. 자신의 조건을 파악해 최적화를 찾아라 ⸺ 88

34. 죽음을 환기하면서 현재에 집중하라 ⸺ 90

35. 따라가는 것은 비극이다 ⸺ 92

36. 감관이 새는 것을 차단하라 ⸺ 94

37. 내가 정리하지 않은 것은 내 것이 아니다 ⸺ 96

38. 스트레스를 무력화하라 ⸺ 98

39. 스트레스를 정면 돌파하는 방법 ⸺ 102

40. 역전이 어려운 현대 사회 ⸺ 104

41. 과정을 즐기는 것이 해법이다 ⸺ 106

42. 다시 오지 않을 이 순간을 완성하라 ⸺ 108

43. 열심히 살아야 삶의 질과 만족도가 높다 ⸺ 112

44. 공부가 반드시 윤리적일 필요는 없다 ⸺ 114

45. 좋은 건축물은 오래 걸리지 않는다 ⸺ 116

46. 도가 있다면 돈도 있어야 한다 ⸺ 118

47. 탈레스의 지知에 대한 증명이 시사하는 것 ⸺ 120

48. 잘 된다고 하면 진짜 잘 될까? ⸺ 124

49. 긍정은 부정을 통해야만 완성된다 ⸺ 126

50. 꿈에는 나와야 무얼 한다고 할 수 있다 ⸺ 128

51. 익숙해지면 점차 확대된다 ⸺ 130

52. 즐길 수 있는 사람이 진정한 공부인이다 ⸺ 132

53. 달라봤자 사람이다 ⸺ 134

54. 무의식을 믿고 정리하라 136

55. 세상의 평가에 휩쓸리지 마라 140

56. 죽음을 넘어서는 가치에 대한 집중 144

57. 나에게 맞는 것이 바로 정답이다 146

58. 이 세상에 버려질 것은 없다 148

59. 내가 나를 믿지 못하면 누가 나를 믿겠는가? 152

60. 성인聖人을 무시하라 156

61. 위인의 위대성에는 함정이 있다 158

62. 모든 위인을 친구로 삼아라 160

63. 이해가 안 되면 설명을 잘못한 것이다 162

64. 우리는 기억 상실증에 걸렸을 뿐이다 164

65. 실패는 없고 단지 유희만 있을 뿐이다 166

66. 다름을 인정하라 168

67. 산길은 많은 사람이 지나간 결과물일 뿐이다 170

68. 독립인으로 세상과 마주하라 174

69. 책에 있는 말을 다 믿을라치면 책이 없는 게 낫다 176

70. 외줄 타는 사람은 밧줄의 세계만 본다 182

71. 공부란 밥 먹는 것과 같다 186

72. 진정한 공부는 할수록 힘이 붙는다 188

73. 잘 잊는 것이 중요하다 190

74. 너무 목적에 얽매이지 마라 194

75. 자고 나니 다 배워져 있다 196

76. 가장 다루기 힘든 사람은 바로 나다 198

77. 어떤 책이든 끝까지 읽어라 202

78. 황제의 말에는 취소가 없다 204

79. 정공법이 가장 빠른 길이다 206

80. 절제를 통한 쾌락만이 진정한 쾌락이다 208

81. '70%의 법칙'을 이해하라 212

82. 모방을 통한 발돋움과 창조로의 귀결 214

83. 배운 것을 일상에서 활용하라 216

84. 미쳐보지 않고서는 그 무엇도 될 수 없다 218

85. 글은 말보다 정직하다 ⸺⸺⸺ 220

86. 자신을 납득시켜라 ⸺⸺⸺ 221

87. 모든 변화는 70%에서 작동한다 ⸺⸺⸺ 222

88. 맛있는 사과 먼저 먹기 ⸺⸺⸺ 224

89. 공부는 편식이 더 긍정적이다 ⸺⸺⸺ 226

90. 공부에도 끼워팔기가 있다 ⸺⸺⸺ 228

91. 장소는 공부를 방해하지 않는다 ⸺⸺⸺ 230

92. 출전을 파악하라 ⸺⸺⸺ 232

93. 논문이 맞을 거라는 생각을 버려라 ⸺⸺⸺ 233

94. 논문 역시 읽는 사람에 대한 설득이다 ⸺⸺⸺ 234

95. 어떤 방향이든 주제를 수립하라 ⸺⸺⸺ 235

96. 공부에서는 글이 가장 중요하다 ⸺⸺⸺ 236

97. SNS를 활용하라 ⸺⸺⸺ 237

98. 무의식을 무시하지 마라 ⸺⸺⸺ 238

99. 일부러 외우려고 너무 애쓰지 마라 ⸺⸺⸺ 239

100. 하나의 중심 책을 만들어라 ⸺⸺⸺ 240

101. 오랑캐는 오랑캐로 제압하라 ⸺⸺⸺ 242

102. 사전과 친해져라 ⸺⸺⸺ 244

103. 개론서를 읽고 전체의 좌표를 파악하라 ⸺⸺⸺ 246

104. 역사와 사상은 결코 유리된 것이 아니다 ⸺⸺⸺ 248

105. 암기보다 전체구조를 이해하는 데 집중하자 ⸺⸺⸺ 250

106. 지도와 지명은 역사의 배경이 된다 ⸺⸺⸺ 252

107. 가능한 곳이면 직접 답사하라 ⸺⸺⸺ 254

108. 생애를 분명하게 이해하라 ⸺⸺⸺ 256

부록1. 공부에 도움이 되는 명상의 효과들 ⸺⸺⸺ 259

부록2. 가장 쉬운 명상 비법 ⸺⸺⸺ 279

최강의 공부 명상법

단박에 성적과 행복을 끌어올리는 명상 비법

1. 나는 기억력이 없다

한 가지 고백할게.
난 기억력이 없어.

중학교 3학년 때 이러다가는
큰일 나겠다 싶더군.
내 형편에 맞는 기억법과 공부법을
만들어야겠다고 생각했지.

이게 뭐냐???

기억력 0점

중3

궁리 끝에 100여 가지 명상법과 수행법을 배웠어.
거기에는 무언가 해법을 찾아야만 한다는 절실함이 있었지.

기억력아! 가면 안 돼!

기억력

아파!

나갈래

질질질

지금 생각해보면 대단히 위험한 일이었지.
명상, 정신수련에는 부작용이 있어.
당장 발현되지 않을 뿐이지.

정신을 개조하고 관점을 바꿀 만큼 강력한 에너지를
만드는 것이 명상인데 부작용이 없을 수 없어.

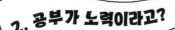

2. 공부가 노력이라고?

니들 착각하고 있는 게 있어.
외모나 신체는 선천적이다. 그러나 공부는 노력이라고!
그치? 하지만 선천성이 훨씬 더 커!

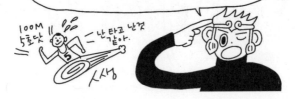

공부 못하기가
더 어렵겠당.
ㅎ ㅎ

남이 1번 읽을 때 10번 읽고
남이 10번 읽을 때 100번 읽으면 된다.

← 공자님

라고
말씀하셨지.

그러나...

정보와 책이 부족했던 고대에나
통하던 한~가한 공부법일 뿐이야.

오늘날 위와 같은 공부법으로는
모두 실패하게 될 수밖에 없어.
단순무식에 우직이 합쳐진다고 될 일이 아니라는 거지.

지구력, 성실성, 성격까지 선천성에 의해
좌지우지된다고. 물론 노력으로 개선될 부분도 있으나
타고난 걸 이기기는 불가능해!

노력하면 될 거라는 허상을 버려!
안 되는 건 안 된다는 현실을 받아들여.
현실에 대한 냉철한 자각에서 시작하란 말이야!

금연을 목적으로 하는 사람에게 막연한 판단이 아닌
분명한 인식 전환이 필요한 것처럼 공부도 마찬가지야.

그리고 불리한 상황에서 역전의 기회마저 없다면
중간에 욕을 먹더라도 판을 엎어버려. 그런 용기가 없다면
진 게임이라 생각하고 마음대로 편하게 해보는 거야.
그래야 속병이라도 안 생기지. 또 누가 알아?
다 놓고 편히 하다 보면 역전이 될지~

4. 암기력이 아닌 창의력의 시대

요가를 통해 키가 커질 수도 있지만,
성장판이 닫힌 사람은 불가능하지.

명상을 통해 통찰력이나 직관력을 키울 수 있으나
머리가 좋아지는 건 아니다. 명상은 하드디스크
용량을 키우는 것이 아니라 램의 업그레이드를 통해
정보속도를 높이는 데 있지!

스마트폰, 노트북 덕분에 암기할 필요가 사라졌지.
넘쳐나는 정보를 창의적으로 재해석, 즉 기억의 총량이
아닌 다양한 자료와 관련된 감각이 더 중요하게 되었다.

명상에 의한 창의력과 직관지의 확대는
버라이어티한 인간을 만들어 낸다.

그러나 틀에 박힌 상황을 편하게 여기는
사람에게는 명상이 독이 될 수 있다.

5. 내면의 아이돌은 누구나 될 수 있다

'나 같은 사람도 했는데,
나보다 나은 네가 못한다는 게 말이
되냐?'라는 뜻이야. 오해하지 마.

세상에는 배워서 될 것이 있고, 배워도 안 되는
게 있어. 그래서 속담에 "열 번 찍어 안 넘어가는
나무 없다"와 "못 올라갈 나무는 쳐다보지도 마라"
이 두 가지가 공존하는 거야.

이공계 쪽은 몰라도 인문학 쪽의 공부는 나이에 상관없어.
사생팬이나 마니아 같은 간절한 마음 자세를 가진다면 가능해.

지성이면 감천이다. 사실이기도 하고 거짓이기도 해! 주식을
예로 들어볼게. 전 세계 투자자들이 온 정성과 간절함을 다해
주식이 오르기를 바라지만 빈 라덴의 9·11 테러로 주식이 반토막
나 버렸어. 투자자들의 애절한 염원도 한 방에 무너진 거야.

아이돌로 성공하는 것은 로또를 맞는 것처럼 어려워. 그러나 내면의
아이돌은 열정만 있으면 누구든지 될 수 있어. 꽝 없는 경품 추첨처럼!

인도·유럽 문화권에서는 머리(뇌)가 핵심이라고 생각해.
오늘날 관점으로 본다면 창자, 심장, 뇌 모두 핵심은 아니야.

책의 주제인 공부법과 관련하자면, 뇌에 갇힌 생각은
할 필요가 없다는 거야. 인간의 모든 감각으로 공부하면 돼.
거기서 더 나아간다면~

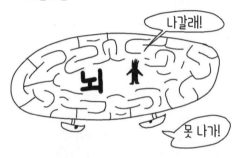

생각을 넘어선 마음의 세계.
그리고 그것을 넘어선 또 다른 한계를 초월한 세계가 존재하지.
인간의 몸이라는 틀을 깨고 더욱 유연한 사고의 영역으로 나아가자.

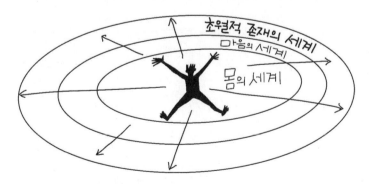

7. 공부법으로서의 명상

명상이란 정신 집중을 통해 원하는 에너지를 모아
감관을 조절하는 방법이다.

이 행복은 감각적 쾌락과 전혀 다르다.

명상이 목적이 되면 종교인이 된다.

일반인이 명상을
수단으로 해서
공부법으로
사용했을 뿐인데

명상을 이용한 공부법을 현실에 적용해 보자.
그러기 위해서는 가장 큰 골칫거리인 잡념을
통제해야 해.

8. 잡념을 내 편으로 만들어라

잡념을 사라지게 하는 법을 집중적으로 알아보자.
절대로 억압적으로 털어내려 하지 마라.

이럴수록 내가 더 잡념을 인정하고
꼬~옥 안아야 한다.

하지만 이렇게 쉽게 해결되면 좋은데,
양성화된 잡념이 사라지면 방심하게 된다.

그때 무조건 처음 떠오른 잡념을 계속 유지하는 게 매우 중요해. 일편단심!!!

잡념은 논리 구조가 약하고 뿌리가 깊지 않아서 현재 의식의 일관된 생각으로 발전하지 않아. 즉 쇠락해가는 생각들이 잡념이 되어 게릴라 전투를 벌이고 있는 거라구.

게다가 우리는 큰 착각에 빠져 있어 "오만가지 잡념"이라고 과장하는데 솔직히 백여 개가 넘지 않아!

근본 없는 잡념들은 1시간 이상 버틸 수 없어.
이렇게 인정해주고 양성화시켜 계속 잡념에 빠지다 보면
점점 옅어지고 빈도도 줄어든다.

지겨워
재미없어
나 간다

으잉 점점
사라지는 느낌이
들어

잡념의 목적은 명상을 방해하는 것인데
그걸 밝은 곳에 양성화시켜 꺼내 놓은 거야.
곰팡이가 햇볕에 말라죽듯 잡념이 승화되어 버리지.

잡념
/말라죽네

이제 위의 원리를 차분히 나에게 적용해 봐.
놀라운 변화를 느낄 수 있을 거야.

명상도 마찬가지란다.
뚜렷한 목적에 대해 집중을 유지해야만 에너지가
생긴다. 잡념을 양성화해서 승화시키는 것이 돋보기를
든 손이 흔들리지 않는 것과 비슷한 이치야.

잡념만 극복해도 명상은 성공한 거야. 초급자를 벗어났다는 사람들도
90%는 잡념이고 10%만 명상이라는 소리가 있을 정도란다.

고속철도 공사할 때 전체구간을 확정한 뒤
구간 공사를 하는 것과 같은 이치지~

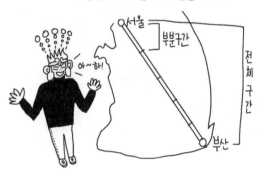

내면을 통제하고 반복적으로 집중하는 방법은
공부법에만 적용되는 것은 아니야.

10. 스티브 잡스는 외계인이 아니다

다람쥐 쳇바퀴 도는 듯한 일상.

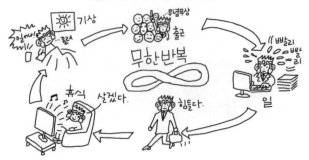

익숙함을 벗어나는 것은 쉬운 게 아니다.

30여 년간 매일 일기를 기록했지만 같은 날이 대부분이었다.

그러나 똑같은 일상은 존재하지 않아.
그리스 철학자 헤라클레이토스가 말했다.

우리는 같은 강물에 두 번 발을 담글 수 없다.

우리가 반복된다고 생각하는 일상이란 전혀 반복이 아니다.
매일매일 새롭고 다르다.

접착제 농도를 잘못 맞춰서 잘 붙지도 잘 떨어지지도
않는 애매한 제품을 좋은 아이디어라고, 장점이라고
생각해 내놓은 포스트잇! 대성공했다.

스티브 잡스처럼 익숙함을 뒤흔들어 판을 새로 짜는 것은
쉬운 일이 아니다. 창의력과 담대함이 그에게만 있을까?

11. 내가 모른다는 점에 집중하라

익숙한 것에 우리는 의문이 들지 않는다.

의문 없이 무작정 따라 하는 것은 서글프다.

그리고 모른다는 사실 자체를 부끄러워할 줄 알아야 한다.

내가 모르는 것보다 내가 모른다는 것을 남이 알게 될 때
더 부끄럽게 여긴다. 나이가 들면, 지위가 올라가면 더
묻지 않게 되어 더 모르게 된다.

12. 가속도가 붙는 시간의 움직임

어린 시절, 시간이 멈춘 듯 긴 하루를 경험했었다.

나이를 먹고 어른이 되니 냉동인간이 됐다 깬 듯
시간이 번개처럼 지나간다.

왜 같은 시간이 다르게 느껴질까?

나이를 먹는다고 해서 천편일률적으로 모두 다 시간이 빠르게
가지는 않아. 시간의 체감속도는 각성상태의 유무에 따라 달라져.

내가 경험한 가장 느린 시간은 교통사고 때였어.
불과 몇 초 사이였는데도 죽음에 직면하자 초 각성 상태가 된 거야.
만 가지 생각이 교차하더라.

13. 시간의 흐름을 늦추는 방법

나이가 어릴수록 시간은 천천히 간다. 이 느린 시간 덕분에 지속적인 발전과 공부의 성취가 가능해진다.

타율이 높은 타자는 투수가 던진 공의 실밥까지 보인다고 한다.

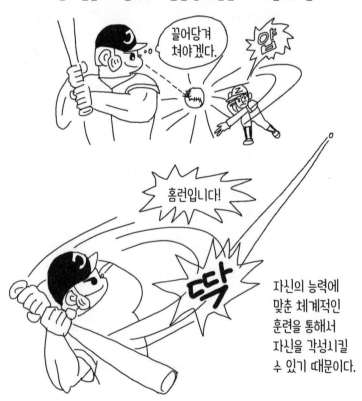

자신의 능력에 맞춘 체계적인 훈련을 통해서 자신을 각성시킬 수 있기 때문이다.

특히 명상과 호흡법을 병행하여 정신적 부담을
견뎌낼 수 있는 컨디션을 만든다.

현대 공부법에서는 이 부분을 전혀 알려주지 않았다.
전통적인 공부법 중에서 본다면 붓다와 신유학자들이 명상을
중시했다.

우리나라 공부법은 암기력 위주라서, 고등학교 이상의
교육과정에서는 창의력 부족이 문제가 되곤 한다.

14. 일주일 동안 천장 보기

안개 속처럼 모호해서 옳고 그름을 알 수 없을 때

그러다가 대체할 무언가를 찾기도 한다.

그러나 이건 문제해결이 아님을 알게 된다. 감정이 정리되고,
안정된 것이 아니고 그 위에 억지 감정을 덮은 것뿐이다.

혼란을 극복하기 위해서 아무것도 하지 마라. 독방에 갇힌 것처럼
단순한 공간에서 똑같이 반복되는 음식만 먹고 일주일만 있어 보아라.

스스로 미치지 않기 위해 무의식이 가장 현명한 답을 준다.

혼란한 상황이 닥치면 생활을 단순화하고 무의식을 믿어봐.
지금 주어진 상황에서 가장 좋은 답을 얻을 수 있다.

15. 깨끗한 환경이 건강을 담보하지 않는다

장시간 미꾸라지를 운반할 때 메기를 같이 넣으면
미꾸라지는 살기 위해 최선을 다하는 중에 살아남는다.

이것을 메기 효과라고 한다.

70~80년대만 해도 재래식 화장실이 일반적이었고,
흙바닥에서 먼지를 뒤집어쓰고 노는 일이 일상적이었지.

오늘날은 너무 깨끗하고 청결하다.
그러나 너무 깨끗하면 면역력에 문제가 된다.

16. 적절한 스트레스는 삶의 원동력

인간은 발전하고
성공하려면 적당한
스트레스가 필요하다.

공부하는 사람은 스트레스를 즐길 수 있는 방법을
터득하는 것이 중요하다. 중국의 원말·명초를 산
묘협의 「보왕삼매론」에는 이런 말이 있다.

여기서 넘친다는 말은 '과유불급' 즉 지나친 것은
부족함만 못하다는 의미이다.

논문을 쓰는 것이 '피 말리는 작업'이라고 한다.
그런데 계속 피를 말리다 보면 새로운 사실을 알게 된다.

17. 잠과 지능의 비례관계

충분한 잠은 창의력을 증진시키고 현재 의식이
받아들인 정보를 도서관 사서처럼 재정리한다.

코알라나 나무늘보처럼 특수한 경우만을 제외하고 본다면 수면시간과 지능은 정비례한다.

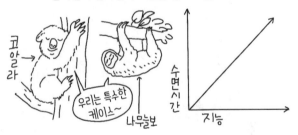

나이가 들어 잠이 줄어들면 창의력과 발전력이 소진된 무덤덤한 사람이 되지.

18. 무의식의 힘을 믿어라

공부는 많이 듣고 많이 보고 그렇게 배운 것을 토대로
새로운 정보를 입력하는 것으로 알았다.

그러나 요즘은 정보가 양적으로 많다. 이 다량의
정보를 쓸모 있는지 정확한지 파악하여 정리해서
필요시 제대로 사용하느냐가 쟁점이 되었다.

이런 점에서 본다면 공부보다 휴식이 더 중요하다.
휴식은 잠과 더불어 정보를 분류하고 재정리한다.

적절한 휴식이 있어야 공부를 즐길 수 있는 상태가 된다.
'공부 = 취미'라는 공식이 되는 것이 가장 좋은 방법이나 쉬운 일이 아니다.

그러므로 충분히 쉬어주어야 한다. 잘못하면 입력정보 과다로
무기력증을 겪을 수 있다. 그렇다고 휴식에 함몰되어서도 안 된다.

휴식은 공부라는 목적에 도달하는 수단일 뿐. 휴식에 종속당하면 공부는
요원해진다. 또한 공부가 전제되지 않은 휴식은 공허하고 개운하지 않다.

현재 의식도 중요하지만 핵심인 무의식에 무한 신뢰를 보내야 한다.
그 신뢰의 신호가 움직여서 문제를 해결할 뿐 아니라 불가능을 이루는
초인의 힘을 발휘한다.

현재 의식은 무의식을 컨트롤 할 수 없다.
무의식이 상위 개념이기 때문이다.

무의식이 드러낸 수단의 하나가 현재 의식이다.
그 점을 확실히 정립한다면 공부를 편안하고 쉽게 할 수 있다.

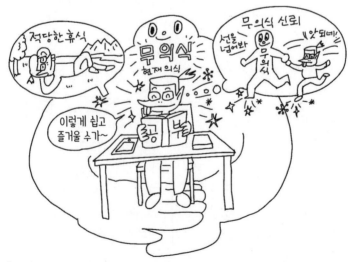

19. 우주의 눈으로 세상을 보라

공부할 때 보다 노는 게 재미있기는 하다.
그러나 공부에 즐거움이 없는 건 아니다.

현대 사회에서는 스트레스 극복이 매우 중요하다.
스트레스를 효율적으로 관리하기 위해서는 천하무적
멘탈과 강력한 추진력을 가지고 있어야 한다.

전 세계 최고의 자산가인 일론 머스크와
우리의 자산 가치 차이는 엄청나게 난다.
그러나 태양에서 우리를 본다면 일론 머스크나
우리나 먼지 한 점도 안 된다.

대략 246조 (2023년)

일론 머스크

태양?

지구
오공
일론

실제 태양 시점에서 70억 인구의 지구를 본다면 마치 수많은 세균들이 적자생존의 난장판을 벌이는 모습일 것이다.

더 나아가 우주의 눈으로 본다면 지구에 진정 의미 있는 것이 있기는 할까? 이런 관점이 중요하다.

세상의 일이 내 뜻대로 이루어지지 않아서 절망할 때 우주의 눈으로 세상을 보게 되면 성인도 지구도 태양도 은하계도 모두 별 볼 일 없는 먼지일 뿐이다.

20. 하늘의 눈으로 보면 여유로움이 깃든다

중국 명나라 시절의 인물인 왕수인의 호는 양명이다.
주자학을 압도하는 양명학을 만든 사람이다.

양명은 어린 시절부터 천재였다. 그가 11세에 지은 시다.

산은 가까이 있고 달은 멀리 있기에 달이 작다고 여겨

사람들은 이 산이 달보다 크다고 말하네

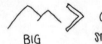

그러나 만일 하늘과 같은 큰 눈을 가진 이가 있다면

오히려 산은 작고 달이 크다는 것을 볼 수 있다네.

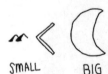

같은 내용이지만 인식되는 결과는 전혀 다르다.
투쟁적일 때는 미시적으로 보고

방어기제를 펼칠 때는 거시적으로 보아야 한다.

21. 공부에도 안전장치가 필요하다

사마천의 『사기』에는 교토삼굴이라는 말이 있다.

토끼를 잡을 때 굴 앞에 그물을 쳐서 잡는다.
그걸 간파한 영리한 토끼가 미리 다른 탈출구를 2개
더 만들어 2중 3중으로 위험을 대비한다는 뜻이다.

공부는 이와 같다. 술술 잘 풀릴 때도 있지만 꽉 막힐
때도 있다. 이때를 대비해 거시적 방어기제를
준비해놓아야 한다.

살다 보면 당시에는 죽어버릴 듯한 고통스러운 일이지만 시간이
지나면 잔잔한 추억이 되어버리는 경우가 있다.

우주의 눈으로 세상을 보듯이 우주의 시간으로 세상을 이해한다면
어떻게 될까? 우주의 시간으로 보면 46억 년이라는 지구의 나이도
청년에 불과하다. 또 이렇게 본다면 젊음과 늙음이 무슨 차이가 있는가?

장자는 「제물론」에서 "갓 태어나자마자 죽은 아이보다 오래 산
사람은 없고, 800년을 살았다는 중국의 전설적인 장수자 팽조도
단명한 것이다."라고 말했다.

22. 두 개의 눈과 두 가지 기억

산행할 때 음악 듣는 사람들을
긍정적으로 보지 않는다.

자연의 느낌과
정서를 느낄 수
없잖아!

그러나 사진 찍는 것은 긍정적으로 본다.

김~치.

감~~치

그 이유는 카메라는 사람이 보는 것과는
다른 시각을 보여주기 때문이다.

그뿐이겠어~
우리는 렌즈도 바꿔 끼면서
화각, 화질, 색감 등도 다양하게
변화시킬 수 있지.

24mm
광각
렌즈

→ 필터

50mm 표준렌즈

특히 대상을 안 잘리도록 완전히 넣고 싶어 하는
동아시아인들의 특성상, 반드시 눈이 보는 각도와는
다른 각도를 잡아야 한다.

이처럼 카메라의 눈과 다른 시야각으로 새로운 느낌의
세상과 마주할 수 있다.

23. 하나만 아는 것은 하나조차 모르는 것이 되기 쉽다

효율적인 공부법에는 인간의 눈, 카메라의 눈 등등 대상을 새로운 방법으로 시각화하는 것이 중요하다.

공부하는 사람은 유연한 관점으로 카멜레온처럼 끊임없이
색을 바꾸며 변신하는 자세를 유지해야 해.

오랫동안 피워온 담배의 힘.

현대인의 화두 중 제일 큰 비중을 차지하는 다이어트도 마찬가지야.

오랜 시간 누적된 습관이 하루아침에 바뀌지 않는다.

그러나 요요라는 후폭풍.

굵은 빗방울은
한나절을
넘기지 못하고

태풍은 오래
계속될 수 없다.

→ 노자

강력한 에너지를 만드는 것보다
이걸 유지하는 것이 관건이야.

미안!

한고조 유방은 동네 건달에서 황제가 된 인물이다.
황제가 된 뒤 개국 공신들과 함께 진탕 술을 마시고 있었다.
그때 유생인 숙손통이 왔다. 유방은 유생들이 쓸모없는 존재라
판단하고 숙손통 머리의 관을 벗겨 오줌을 싼다.

유방

모자이크

쿠하하
시원하다.

음…

숙손통

→오줌

말 위에서 천하를 얻을 수는 있지만, 말 위에서 천하를 다스릴 수는 없습니다.

정신이 번쩍 드는 말이구나!

콰르르릉

당나라 태종

성공을 이룩하는 것보다 그것을 지켜내는 것이 더 어렵다.

강한 의지도 중요하지만 내 외부, 내부에 있는 안티 세력을 제거하는 것이 더 중요하다.

강한 의지

네 실력에 그게 되겠어.

친한 사이지만 언제나 부정적이고 파증 나는 말로 나의 의지를 무참히 박살 낸다.

~안타 까워

거봐, 안 되지.

그냥 하지 마.

외부안티세력

맞아. 내가 생각해봐도 안 돼. 실패만 하는 내가 싫다.

내부안티세력

자괴감

이런 상황을 해결한 자가 있으니 그가 바로 고려 태조 왕건이다.

어떠한 상황이더라도 자기 자신과 분란을 겪어서는 안 된다.
협동 단결해도 상대를 이기는 것은 쉽지 않은 일이기 때문이다.

함부로 억누르려 하거나 제거해 버리면 반발 에너지가 커져서
더욱더 늪에 빠지게 된다.

26. 기억력이 없으면 새로운 구상을 하기 쉽다

나는 기억력이 떨어져서 내 스스로 한계의 선을 긋는 짓은 안 해~

한계의 선

그리고 또한 선행된 연구의 권위에 위압감도 덜 느끼지~

대가의 자료를 처음부터 접하는 것은 바람직하지 않다고 생각한다.
대가의 견해에 압도당해 자신의 뜻을 제시하기가 힘들어지기 때문이다.

특히 종교나 철학 공부하는 사람은
기억력이 없는 것이 더 축복이다.

27. 느낌과 이미지로 기억하라

단지 현재 의식으로 끄집어낼 방법을 모를 뿐.
그런데 굳이 무의식의 기억을 끌어낼 필요가 있을까?

3년 정도가 흘러 3,000권 정도 읽게 되자
혼돈의 상태에서 모종의 법칙성을 발견했다.

이미지 기억법이란 만난 사람의 정보를 기억하는 것이
아니라, 그 사람의 느낌이나 이미지를 기억하는 것이다.

이미지 기억법은 윈도우와 많이 닮아있으나 내 기억법이
훨씬 다양하고 화려하다. 제한적인 윈도우에 비해 나는
훨씬 광활하고 무한한 이미지의 아바타와 이모티콘을
가지고 있다고 생각하면 이해가 쉬울 듯하다.

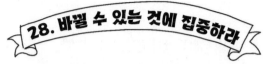

28. 바뀔 수 있는 것에 집중하라

'안에서 새는 바가지 밖에서도 샌다'라는 속담에
격하게 동감한다.

이승에서 해결되지 않는 것이 저승에서 해결될까?

자식 걱정, 부모 걱정,
경제 걱정.

자식 걱정, 부모 걱정,
경제 걱정.

나는 현실적인 사람이라 알 수 없는 저승에
신경 쓸 생각이 전혀 없다.

지금
여기

저승

관심이
없거덩!

깨달으면 머리가 좋아질까? 이 또한 상관없다.
깨닫는다는 것은 행복과 관련이 있다.

바꿀 수 있는 것부터 시작하라. 정신에도 화장,
멋지게 차려입는 꾸밈이 필요하다. 화장은 변화시킬
수 있는 가능성을 최대치로 끌어올리는 기술이다.

식욕, 색욕, 수면욕 등은 수십억 년 유전자 진화의 결과물이다.
인간의 기본 욕망을 바꾸려는 시도는 성공 확률 0이다.
내적 분열만 생긴다.

29. 자신의 현 상태를 이해하고 솔직해져라

바둑을 옆에서 구경하다 보면 안 보이던
수가 보여 훈수를 두게 된다.

내 게임이 아니니 객관적인 시각이 생겨
전체를 볼 수 있는 능력이 생긴다.

주식을 작게 소액으로 할 때
이익을 크게 낸다.

큰돈을 넣으면…

객관화를 통해 자신의 입장과 처지를 제대로 파악할 수 있다.

나는 내 분수를 잘 안다. 그럼에도 최선을 다하는 이유는
내 자신에게 부끄럽지 않기 위해서다.

내 자신을 계발하기 위해서는 자신에게 씌어진 허상을 벗어야 한다.

신이 개개인에게 남보다 잘하는 것을 하나씩 줬다는 말은
희망사항이다.

여러 가지 희망적이고 긍정적인 것은 마음속 상자 속에 잠시
넣어두고 나의 지금 상태를 객관적으로 이해하는 것부터 하자!

한비자의 글에 이런 이야기가 있다.
왕과 재상이 승마시합을 했다.

3번 모두 왕이 승리했다.

당연하지
왕은 모두 특급 말들을
타고 있잖아!
특A, 특B, 특C.

재상은 한비자에게 물어본다.

왕게 계속 지는데
이길 수 있는 방법이
없겠소?

대진표를 바꾸면
이길 수 있지요.

한비자
↑

한비자가 만든 대진표로 다시 승마 대결을 했다.

78

그러기 위해서는 솔직해져야 한다.

부러우면 지는 것이라는 말이 있다.
그렇게 말하는 것 자체가 이미 진 것을 의미한다.

부러워하는 것조차 인정하고 내 것이 될 수 없음을
명확히 선을 긋는 것도 현명한 방법 중 하나다.

30. 나를 위한 공부의 미덕

지금이 바로 네가 10년만 젊었어도 하고
부러워했던 그 순간이야!

우리 인류는 역사상 가장 긴 노년을 보내야 한다.
100세 시대에 50대는 청년이다.

주자는 「권학문」에서 "소년은 늙기 쉽고 학문은 이루기 힘들다"
했지만, 오늘날에는 '소년은 늙기 쉽지만 죽기는 힘든 시대'가
되어버렸다.

스스로가 자신의 길을 찾지 못하면 노년은 길고도 애달픈 길이 된다.

평생 공부가 필요한 이유이며 나만의 공부법을 체득해야만 하는 당위성이기도 하다.

나를 위한 공부는 젊었을 때는 투쟁에서 승리하게 해 주고 노년에는 편안하고 유원한 관점을 갖게 해준다.

중국의 문인 임어당의 『생활의 발견』에 보면 "나이 마흔이 되기 전에 세 가지 취미를 만들어라, 그렇지 못하면 반드시 후회한다"고 했다.

노년이 되면 중심이 바로 선 채 이리저리 휘둘리지 않아야 한다. 그렇다고 꽉 막혀 굳어버린 고집불통이 되어서는 안 된다. 저렇게 되지 않기 위해서는 젊었을 때부터 다양한 공부를 하며 기본적 수양을 닦아야 한다.

지금 우리나라는 핵가족화가 정착된 상황에서 수명이 갑자기 늘어버렸다.

단순히 목숨만 부지하는 것을 넘어 보람되고 행복한 삶을 누릴 수 있는 노년이 되어야 한다. 여기서 가장 중요한 점이 스스로를 위한 꾸준한 공부이다.

31. 애플이 사자라면
삼성은 하이에나다

애플이 1년에 하나씩 스마트폰을 출시한다면,
삼성은 다양한 스마트폰을 출시한다.

삼성은 여러 개 중 하나가 히트 치면 그 제품을 주력으로 한다.
시장에서 먹히는 것이 곧 주력이다. 이 같은 전략은 무척 유용하다.
시장에 반응하는 최대한의 유연성을 확보하고 있기 때문이다.

애플은 독자적인 생태계를 가지고 있으며
시가 총액도 삼성이 애플의 1/4 수준밖에 안 된다.
그러나 미래 가능성은 삼성이 더 높은 기업일 수도 있다.

하이에나는 비굴하지만 환경에 따라서 최적의 상태로
적응해가면서 살아간다. 평상시에는 사자 세상이지만,
환경이 요동치면 사자는 공룡처럼 멸종하고 하이에나는
살아남을 것이다.

80~90년대 세계 최고의 전자기업 소니의 몰락이
이와 같은 상황을 잘 보여주고 있다. 변수가 많은 현대
사회에서 삼성이 애플보다 더 가능성이 높을 수도 있다.

32. 변화를 따라가면서 리드하라

나는 1년에 20여 종의 논문과 책을 쓴다.
삼성과 같은 관점으로 하고 있다.

그중 시장에서 인정하고 성공하면
그 논문이 주력이 된다.

현대는 쉽게 결과를 예측할 수 없는 시대다.
변화무쌍하고 변수가 너무나도 많다.

오늘날에는 인문학이나 예술조차도 유행에 민감하여
금방 나타났다가 사라지곤 한다. 이러한 흐름조차도
리드할 수 있는 시대에 맞는 공부가 필요하다.

붓다는 모든 것은 변화하며,
그 속에서 존재 의의를 가져야 한다고 했다.

깨달음의 문제만은 아니다.
공부나 사회적 성공에서도 적용되는 가치이다.

나는 평생 공부를 한다고 생각한 적이 없다.
하기 싫은 일은 안 하는 사람이다. 하고 싶은 일만 한다.

나는 호기심이 많다. 그러다 보니 여기저기 기웃거리고 찾아 본다.

한나라 학자 사마담의 『논육가요지』를 보면
유교의 근원은 장의사라고 했다.

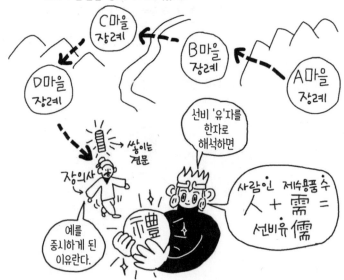

나 또한 여러 분야에 관심이 많은 앎의 유목민이다.
특히 놀이, 취미의 관점에서 접근하기에 공부는
고통과 하기 싫은 일이 아닌 유희와 즐거움이다.

우리는 저마다 성향이 다르다. 마치 지문이 다르듯이~
그러므로 자신이 가진 조건을 파악하여 최적화할 필요가 있다.

힘든 일이나 기대한 것 이상의 성과를 올렸을 때
너무 좋아한다.

과거를 떠올리며

붓다는 『잡아함경』「화살경」에서 "두 번째 화살을 맞지
마라"고 했다. 첫 번째는 실수이다. 그러나 그것을 회상하며
후회하는 것은 두 번째 화살을 맞은 것이다.

자꾸 반추하는 사람들은 비슷한 상황에 직면하면 또다시 반복한다.
문제점을 인식하고 미련 없이 끊어내야만 한다.

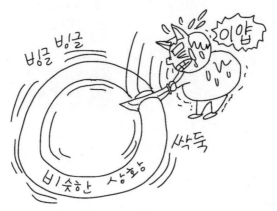

독일 철학자 하이데거는 이런 말을 했다.

유한한 삶을 사는 존재임을 자각할 때 후회하지 않는
가장 현명한 판단을 하게 된다.

35. 따라가는 것은 비극이다

세상에서 제일 재미있는 게임은? 이기는 게임이다.

위 상황보다 더 재미있는 게임은?

돈을 모으는 방법은 지출보다 소득을 대폭 늘리는 거다.
그러나 알고 있지만 쉽지 않다.

어느 날 회사 직원 한 분이

나의 이러한 사고방식에 무시한다고 오해를 하고는 한다.

이런 필연적이지 않은 부분까지 많은 에너지를 소비하고 있다.
이걸 인간관계라고 포장까지 한다.

내가 능력이 없다면,
기우는 인간관계는 결국 언젠가는 무너지기 마련이다.

후각이 마비된 사람은 상대적으로 미각이 발달한다.
이는 한쪽이 차단되니 다른 한쪽에 에너지가 집중되기 때문이다.

공부법의 선택과 집중 역시 이와 같은 원리에서 벗어나지
않는다. 보편적인 복지는 좋은 것이다. 그러나 자본을 창출할 수
있는 여력이 없다면 선택과 집중을 할 수밖에 없다.

대인관계 등 모든 것을 다 원만하게 하면서 공부까지
잘하겠다는 것은 욕심이다.

프로 바둑기사 조치훈은 말했다.

이 정도는 안 되더라도 무언가를 얻기 위해 무언가를
포기해야 한다는 기본 원칙을 알아야 한다.

37. 내가 정리하지 않은 것은 내 것이 아니다

현대는 모든 자료가 공개되어 있고 그것을 어떻게
취합하느냐가 무기가 되는 세상으로 나아가고 있다.

내 자료를 받아간 사람은 당황해한다.
왜냐하면 철저히 내가 만든 구조와 범주에 의해
정리되었기 때문이다.

자료량이 방대하니 정리하지 못하고 보관만 하게 된다.
결국 '방 안에서 잃어버린 책'이 되어버렸다.

38. 스트레스를 무력화하라

치료법이 무엇일까?
스트레스를 받지 않게 하는 게 치료법이란다.

인간들뿐이랴 신들조차도 스트레스를 참기는 어려웠다.

문제는 스트레스가 아니라 스트레스의 데미지를
어떻게 최소화하느냐이다.

『장자』에서 보면 '허주'라는 스트레스를 넘어서는 방식이
기술되어 있다. 오늘날로 본다면 자동차 접촉사고가 생기면
고성이 오가듯이 중국 고대 뱃사공들도 예외는 아니었나 보다.

그러나 사공이 없는 배가 끈이 풀려 표류하다가 충돌하면 욕을
하려고 찾아봐도 사공이 없으니 욕을 꿀떡 삼키게 된다.

이런 사공이 없는 배를 '허주'라고 한다. 즉 스트레스를 조절하는
방법은 충돌을 넘어서는 경계라고 장자는 말하고 있다.

『잡아함경』에 보면 어떤 사람이 차마 입에 담기 힘든 욕을
붓다에게 퍼붓는 사건이 발생한다.

붓다는 그 심한 욕을 듣고 전혀 흥분하지 않았다.

위의 두 이야기는 웬만한 내공을 쌓지 않으면 불가능한
이야기이다. 하지만 되새겨 볼 만한 가치는 충분하다.

39. 스트레스를 정면 돌파하는 방법

사실 이것은 공포를 느낄 때만 그런 것은 아니다.
너무 좋거나 슬플 때도 마찬가지다.

보통의 판단 이상의 상태가 되면 순간 생각의 기능이 멈추고 멍~ 해진다.
이런 점에서 스트레스를 받는다고 말하는 건 아직 여유가 있다는 의미이다.

남자들은 군대에 가면 지금껏 느껴보지 못한 특이한 세계를
경험하게 된다. 강도가 높은 스트레스로 오직 생존만 생각한다.
그렇기 때문에 어지간한 스트레스는 들어올 공간이 없다.

자신의 문제에 집중하고 있는 사람이 스트레스를 받는다는 것은
일종의 사치라고 할 수 있다.

그러므로 목적이 분명하고 집중하는 사람에게 스트레스는
큰 영향을 줄 수 없다. 또한 스트레스의 극복을 위해서라도
자신을 주시할 수 있는 공부법은 필수이다.

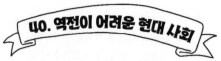

40. 역전이 어려운 현대 사회

우리 속담에 '인내는 쓰나 열매는 달다'라는 말이 있다.

젊어서 고생은 사서도 한다는 속담이 있다.

이 두 가지 속담은 '뒤의 결과가 좋은 것이 진짜 좋다'라는 판단이 깔려 있다.

> 말년으로 갈수록 순탄한 인생이 최고라는 생각이 강하다.

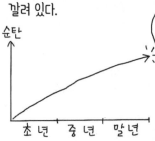

붓다는 처음도 중간도 끝도 좋은 것이 진정 좋은 것이라 가르친다. 이것이 더 좋은 것임은 이론의 여지가 없다.

> 그러나 이게 말처럼 쉬운 것이 아니야. 그래서 굳이 하나를 선택한다면 말년을 선택하는 것이다.

그러나 현대는 과거와 상황이 다르다. 초년 문제는 삶 전체의 문제와 직결된다. 세분화된 현대 사회에서는 '초년에 부모의 후원이 적절하게 작용했느냐'에 의해 인생 전체가 판가름 나는 경우가 있다.

결과가 아닌 과정을 즐기는 방향으로 관점을 전환하면
많은 문제가 해결된다.

우리나라의 경우, 어렸을 때는 전 세계에서
가장 많은 공부를 하지만 장년기에 접어들면서
가장 공부를 안 하는 사람으로 변모한다.

50대에 퇴직해서 50년을 더 살아야 하는 노년이 되었다.
노년이 긴 현대에서 필요에 의해 특정 시기에 몰아서
공부를 하는 것은 보통 문제가 아니다.

인내는 쓰나 열매는 달다가 아닌 인내도 즐기고
열매도 즐길 수 있는 마음가짐을 가져야 한다.
공부 자체를 즐길 수 있어야 한다.

목적을 결과에 두지 않는다는 것이 핵심이다.
스트레스 받지 않고 평생 공부할 수 있는 문을 열어 준다.

42. 다시 오지 않을 이 순간을 완성하라

어린아이 때는 어린아이 때만 누릴 수 있는 일이 있고
중년은 중년대로, 노년은 노년대로 누릴 즐거움이 있다.

공부도 마찬가지다. 무언가를 얻어야만 하는 수단적 공부가 아닌
지금 하고 있다는 과정 자체에 의미를 부여하고 만족해야 한다.

결과는 불확실한 여러 가지 요인들로 인해 안 좋을 수도 있다.

그러나 과정 자체를 즐기면 결과가 안 좋아도 문제가 되지 않는다.

마치 부모가 자식을 아끼듯, 노년에 보답을 위해서가 아니라
잘해주는 것 자체가 기쁘기 때문이다.

물론 결과가 좋으면 금상첨화, 두말할 필요가 없다.

또한 과정 자체를 즐기는 방식은 일의 만족도도 높고 즐겁기 때문에 좋은 결과가 안 나오기가 더 힘들다.

결국 과정 중심의 사고는 '과정 만족', '결과 만족' 두 가지 모두를 성취하게 되는 것이다.

이러한 개념이 확립되면, 공부는 스스로 쌓이고 발전하여 어느덧 내 것으로 변모되어 있을 것이다.

43. 열심히 살아야 삶의 질과 만족도가 높다

인간은 모두 죽는다.

위 명제는 2가지 관점을 파생시킨다.

① 어차피 죽을 거 대충대충 살자.

② 죽을 때 죽더라도 열심히 살아보자!

열심히 산다고 안 죽는 것도 아니다. 그럼에도 불구하고 열심히 살아야 하는 것은 그렇게 사는 것이 삶의 질도 높고 만족도도 높기 때문이다.

무기력

축 처져서 일도 안 하고 빈둥빈둥거리니 속도 더부룩하고 비참한 기분만 든다.

부지런히 열심히 살면 컨디션도 좋아지고 더 높은 행복감이 생긴다.

저렇게 되어서는 안 된다. 생명을 유지하기조차 힘들어진다.
생명과 삶을 영위하는 방식으로 살아야 한다.

스피노자는 말했다.

44. 공부가 반드시 윤리적일 필요는 없다

공부의 과정이 목적이 됨으로서 공부의 질을 높이고 즐기기 위한
측면이 중요하다.

공부는 근본 목적에
비교해서 본다면 수단일
수밖에 없다.

나의
완성 (근본목적)

무지

공부가 윤리적일 필요는 없다.
그렇다고 '표절을 해도 된다'라는 의미는 절대로 아니다.

현대는 새로운 지식이 매일매일 쏟아진다.

와르르르르

정보

모든 단계를 하나하나 차근차근 밟고 가는 방식으로는 한계가 있다.
예를 들자면 과거에는 공부가 기초공사를 탄탄히 해서 짓는 거라면.

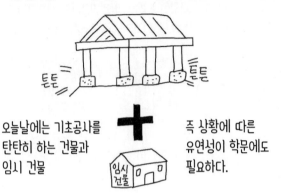

오늘날에는 기초공사를
탄탄히 하는 건물과
임시 건물

즉 상황에 따른
유연성이 학문에도
필요하다.

현대 학문은 하나의 전문적인 부분만 깊게 다루어야 할 때도
있지만 여러 가지 연구가 결합 된 융·복합적 측면도 필요하다.

그러므로 각각의 상황에 맞는 적절성이 요구된다.
팔만대장경을 다 읽고서야 경전을 가르칠 수 있는 것이 아니듯,
무엇이 유용한 지식인지 판단하고 더 적절한 비유를 사용하여
학문의 최단 거리를 찾는 것이 중요하다.

가우디가 1884년 시작한 스페인 바르셀로나의 사그라다
파밀리아 성당 공사는 지금 현재까지도 진행되고 있다.

장인정신이 켜켜이
쌓인 위대한 건축물!

우리나라는 급격한
개발로 다리, 백화점이
붕괴했는데….

-부럽다

무슨 소리야! 저 건물은 건축의 기본을 어기는 건축물이야!

모든 자동차는 연비
절감이 화두이고
모든 건설사는 공기
단축이 화두란다.

단호

안전을 전제한
상태에서 말한 것이다!
날림공사는 단축이 아니다.
날림공사는 범죄다.

고건축 전문가

우리나라 최고의 고건축물로 꼽히는 약 80m 높이의
황룡사 9층 목탑은 단 1년(645~646년) 만에
완성되었다는 점을 이해할 필요가 있다.

기분 좋아졌어!

그렇구나!

100년이라는 시간 동안 주택을 만든다면 주인은 그 집에 들어가서 살 수 없을지도 모른다.

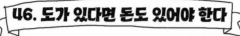

돈은 없으나 그보다 높은 경지인 도는 깨달았다.

음… 도가 돈보다 우월한 가치라면 도가 있는 사람이 원하면 부자가 될 수 있지 않을까!

도=우주 돈=지구

우주는 지구를 포함하니 관리도 가능하지.

만일 그렇지 않으면 도는 상대적 위대함일 뿐 도도 별 볼 일 없게 된다.

능력은 있지만 초월해서 가난 선택.

능력이 없어서 어쩔 수 없이 강제 가난.

물질

물질

대부분 종교인은 각자의 방식으로 돈을 구걸한다.
이런 모습은 '그들에게 실질적인 도가 없는 것은
아닐까'라는 의심을 불러일으킨다.

조선의 선비 중에는 청빈함만 내세우고 냉수만 마시며
행복을 글로 읊는 이가 있었다.

47. 탈레스의 지知에 대한 증명이 시사하는 것

서양 철학사의 첫 페이지를 장식하는 탈레스에게는
아주 재미있는 설화가 있다.

탈레스는 정신 타령, 진리 타령으로 받아치지 않았다.

그는 합리적이고 과학적인 판단으로
올리브 짜는 기계를 대량으로 매입한다.

120

여기에는 『허생전』이나 『흥부전』처럼 초월적인 설정은 없다. 일면식도 없는 재벌에게 수천억을 빌린다는 설정이나 제비가 잭팟을 터트려준다는 허무맹랑한 이야기가 없다.

도와 돈은 상반된 것이 아니다. 그러나 아직도 도를 하는 사람이 부자이거나 많이 소유하고 있으면 색안경을 끼고 본다.

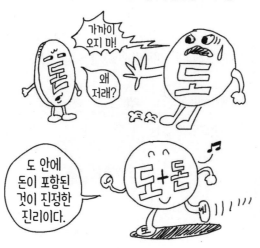

그러므로 공부 역시 순수 학문보다는 자본을 바탕으로 해서
순수 학문의 영역으로 확장되는 공부가 진정한 가치가 있다.

이런 점에서 고흐도 대단하지만 상업 미술의 혁명가인
앤디 워홀을 더 좋아한다.

심지어 앤디 워홀의 제자가 스승의 이름을 빌려 〈마릴린 먼로〉라는
위작을 만들었다. 그러다가 〈마릴린 먼로〉가 유명해지자,

이런 두 사람이 모두 포함되는 곳,
그곳에 진정한 예술과 공부의 가치가 존재한다.

『논어』의 증자가 말한다. "본립이도생(本立而道生)",
근본이 바로 서야 도가 생긴다는 뜻이다.

진정한 공부는 세월과 더불어 원숙하고 익어가는 행복한
공부여야 한다. 이는 잘 만들어진 고급차가 속력을 낼수록
도로에 밀착되는 것과 같다.

48. 잘 된다고 하면 진짜 잘 될까?

'할 수 있다' 긍정적인 생각을 구체적으로 하고

시크릿

2007 베스트셀러

그것을 반복적으로 투사하면 이루어질 확률이

커진다.

과연 그럴까? 할 수 있다고 긍정한다고 말기 암 환자가 완치될까? 그럼 죽은 사람은 죽도록 긍정하지 않아서 살 수 없었던 건가?

종교를 믿는 사람들에게 긍정의 판단오류가 흔히 목도된다.

뚝 뚝

말기 암이라 얼마 못 산다고 합니다. 제발 살려주세요!

저를 죽음에서 구해 주셔서 감사합니다!

몇달뒤

완치판정

종교와 암 사이에 상관관계가 있다면 처음부터 안 걸려야지. 안 그래!

종교적인 긍정은 아편처럼 작용해서 현실을 왜곡하고 있다.

다~ 잘 되고 있다~

종교

빙글 빙글

덮어 놓고 긍정한다고 바뀌는 것은 없다.

물론 부정에 함몰되라는 말은 아니다. 여기에는 반드시 부정을 통해서 긍정을 완성할 수 있는 힘이 있어야 한다.

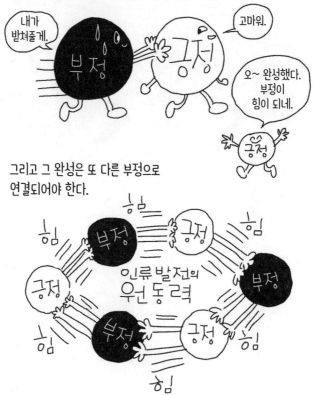

그리고 그 완성은 또 다른 부정으로 연결되어야 한다.

이렇게 부정과 긍정은 선순환하며 인류를 발전시켰다.

근데 즐기기가 쉽지 않아. 그러니 즐길 수 있는 가치를 찾고,
그 안에서 이를 공부와 연결할 수 있는 방안을 강구해야 해.

그러기 위해선
고정관념들을 버려.
공부는 삶에 관심을
가지면서 오감을 다
작동하며 온몸으로 배우고
익히는 거야.

넓은 안목을 가지고 즐기는 것과 공부를 연결하는 고리를 찾는다면
어렵지 않게 찾을 수 있어.

시작은 그렇게 해서
외연을 넓혀 가다 보면
자기만의 색을 찾을
수 있다. 그러나 아무리
해도 연결 고리를
찾을 수 없다면

공부는 포기하는 게
좋다. 인생이란 즐겁기
위한 것이기에 공부
역시 즐거움의 수단이지
목적이 될 수 없다.

자신이 좋아하는 것이 꿈에 나올 정도면 가장 좋은 경지에
오른 것이니 더욱더 신나게 즐겨라.

아! 행복이
파도처럼
밀려온다.

51. 익숙해지면 점차 확대된다

모든 일이 마치 청국장을 먹는 것과 흡사하다.
외국인이 꺼리는 음식 중 청국장이 있다.

몇 달 뒤.

공부도 마찬가지다. 위와 같이 반복되는 과정에서
점차 넓어지고 깊어진다.

부처님이
말씀하셨다.

모든 줄은 음이 전부 다르다. 독립성, 특수성을 가지고 있다.

그렇기 때문에 분명한 목적과 즐거움에는 가치가 필요하다.

10일이나 잠을 안 자고 게임을 하다가 죽은 사람의 뉴스를 봤다.
무엇이 자발적으로 잠을 안 자며 10일씩이나 버티게 하는 것일까?

아무튼 즐길 줄 알아야 그 즐거움이 반복되고,
시련의 순간을 이겨내는 원동력이 될 수 있다.

53. 달라봤자 사람이다

맹자는 말했다.

즉 사람 발이란 큰 차이가 안 난다는 말이다. 장자는 말했다.

이 역시 다름 속에서의 보편을 말하고 있다. 어린이 놀이터 근처 숲속 아래에는 가끔 개미군단이 행진하고 있다.

그러나 아이가 갑자기 호기심에 움직이다 밟고 지나가면 그 행렬의 일부는 전멸해 버린다.

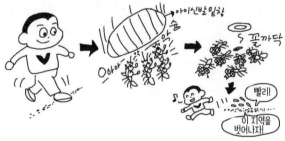

인간은 어떨까? 우리가 천재라고 하는 사람, 둔재라고 하는 사람, 젊은 사람, 늙은 사람. 이들은 차이가 있어 보이지만 실은 밟히면 죽는 개미에 불과하다.

그러므로 머리 좋은 사람을 이길 수 없다고 스스로 한계지어서는 안 된다.

우리가 너무 가까이 보고 있어서 그렇지 생각처럼 큰 차이가 나지 않는다.

인간의 지능 차이는 30% 정도라고 한다.

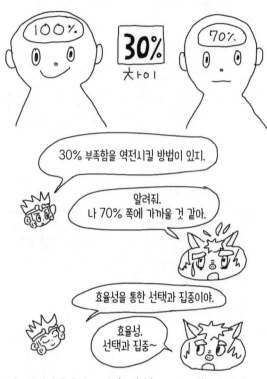

스마트폰이나 PC가 느려질 때 청소 프로그램을 돌려서
파일 등을 가볍게 정리한다.

바닥에 수백 권의 책이 널브러져 있는 방 안에선
책을 찾기가 어려울 것이다.

나름대로 방식을 정해 정리하지 않으면 나중에 찾을 수 없다.
도서관에서 책을 다른 곳에 꽂아버리는 행위는 나쁜 행위이다.

머릿속에서 잃어버린 정보는 위의 상황처럼 된다.
그러므로 자신의 관점으로 범주별로 정리가 필요하다.
뚜렷한 범주 의식을 확립해 놓는다.

앞서 말했지만 "머리는 미치기 싫으면 정리한다."
이 역시 비슷한 원리이다.

투덜투덜

미칠 바에야
정리하는 게
낫지….

우리 머리는 반복되는 적당한 스트레스와
뚜렷한 방향 제시만 있다면 반드시 바뀐다.

명상이 거창하다고
생각하지만 이런 것이
바로 명상이다.

명확한 방향제시

책을 책꽂이에 꽂으면 부피도 적게 차지하고 효율적이다.

옆으로 꽂는 게
공간 활용에
가장 좋다.

그러기 위해서는 책장을 구입해야 한다.

그 책장이 바로 뚜렷한
목적의식과 범주에
대한 구분이다.

정리자는 현재 의식이 아니라 무의식이다. 이 정도만
완성되어도 30% 중 상당 부분 따라왔다고 할 수 있다.

55. 세상의 평가에 휩쓸리지 마라

나의 평가는 다양하다.

명상으로 터득한 내용을 말하니~

그래서 체계적으로 공부를 했더니
논문의 신, 논문의 달인으로 불리웠다.

한편에서는 너무 이론적이기만 하고,
명상 같은 실천수행은 안 한다고 난리다.

어느 장단에 춤추란 말이냐?
나는 유년 시절부터 내 관점대로 살았을 뿐이다.

열자가 말했다.

그때부터 세상에 대한 기대를 버렸다.

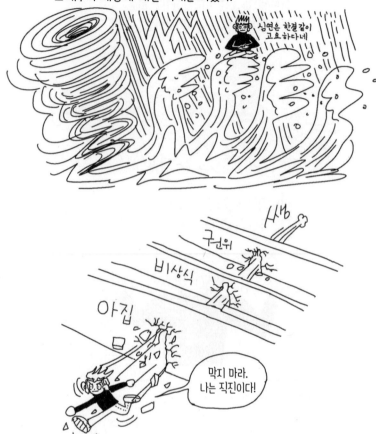

마치 배우가 메소드 연기를 하면서도 외면만 타자화하고 결코 매몰되지 않는 것과 같다.

고등학교 시절 소중한 가치를 조사했다.

이것은 고집과 다르다. 충돌하는 가치는 견고한 것이 아니다.

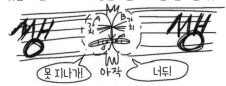

양보하면서 성취할 수 있는 것만이 진정한 의지이며 신념이다.

물은 막히면 돌아간다. 그렇기에 바다에 이르는 것이다.

노자가 말했다.

『장자』에 보면 낮에는 주인과 종이었던 이들이 밤에 꿈을 꾸면 뒤바뀐다.

그렇다면 본질은 무엇일까?

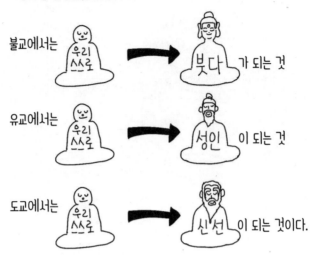

불교에서는 (우리 스스로) ➡ 붓다 가 되는 것

유교에서는 (우리 스스로) ➡ 성인 이 되는 것

도교에서는 (우리 스스로) ➡ 신선 이 되는 것이다.

그러나 정신적인 경계에 제한되어서는 안 된다.
현실에서 통하지 못하는 것이 정신적으로만 통한다는 건 난센스다.

공부의 목적은 성인이 되는 진정한
행복추구에 있다. 그리고 동시에~

현실에서도
성공으로 통할 수
있어야 한다.

이런 점을 착각하면 한쪽으로 치우친 고집스런
사람이 되고 마니 조심해야 한다.

57. 나에게 맞는 것이 바로 정답이다

정답이란 무엇인가?

나에게만 맞는 맞춤복 같은 공부법이 필요하다.

내 생각에 반드시 동의할 필요는 없다. 무엇이 맞느냐가
아니라 나의 일, 내용의 큰 틀을 확립하는 것이 중요하다.

58. 이 세상에 버려질 것은 없다

붓다 당시에 지바카라는 명의가 있었다.
중국으로 치면 화타나 편작 같은 인물이었다.

스승님 약성이 존재하지 않는 초목은 찾을 수가 없었습니다.

음

그러자 스승은

내가 더 이상 가르칠 것이 없다! 하산하도록 해라.

최고

모든 것은 그 자체에 맞는 쓰임새가 있다.
모두에게 특수성이 있다는 말이다.
그 길을 열 수 있는 열쇠는 우리만이 가지고 있다.

최선 내길을 찾는것

차선 검증된 방법

명의는 평생 같은 약을 두 번 쓰지 않는다고 한다.

모든 사람이 같은 감기에 걸려도

체질에 따라 약 성분을 달리하여 처방한다.

타고난 체질

후천적 성향

미대생들이 같은 모델을 그려도, 각각 보는 위치와 빛 등의
차이로 그림이 다르게 완성되는 것과 같은 이치다.

내가 남과 다르다는 특수성에 대한 인식은 공부법에 중요하다.
왜냐하면 비교 대상이 없는 존재는 자존감이 무너지지 않기 때문이다.

올림픽에서처럼 능력에 따른
서열 강조는 야만적 원시
사회의 잔재일 뿐이다.

나는 특수화된 하나의 인격체로 어느 누구라도
나를 검열하고 서열화하고 검증할 수 없다.

나는 나로서 충분하며 당당하고 멋진 존재다!
나뿐만 아니라 우리 모두가 이렇게 인식하게
되면, 그것이 우리가 이 세상에 있는 이유이며
나의 공부법을 찾는 열쇠이다.

자존감이 없으면 공부를 할 배경조차 존립하지 않는다.
어느 날 깊은 산속에서

공부에 있어서 복권에 해당하는 것이 자존감이다.
자존감이 무너지면 공부도 없다. 붓다는 불교 비판자,
타 종교인보다 정신적인 것에 전혀 관심이 없는 사람들이
더 난감하다고 했다. 비판자나 타 종교인들은 정신적 에너지가 있어
리모델링이 가능하나, 정신적인 측면이 전혀 없으면 백약이 무효하다.

또 다른 예를 들어보자.

공부에서 가장 안 좋은 게 포기다. 평생 포기란 말은 모른다.
다만 작전상 후퇴가 있을 뿐.

『장자』에는 '두 사람의 다툼과 관련된 중간 판단자는
존재할 수 없다'는 매우 흥미로운 이야기가 있다.

둘이서 계속 자기가 맞다고 우기고 있다.
제삼자, 판단자가 필요하다.

객관적인 판단이 불가능하다. 그때 나타난 판단자!

이거 참 주관적인 한계를 벗어날 수가 없네.

장자는 여기까지 말했다. 그러나 나는 그렇지 않다고 말하고 싶다.
홈그라운드의 이점상, 이런 경우에는 내가 옳다는 판단도 가능하다.

궤변처럼 들리겠지만 이와 같은 생각이 있어야만 자존감이
높아지고 쉽게 무너지는 멘탈을 강하게 만들 수 있다.

60. 성인聖人을 무시하라

어린아이에게 위인전기를 읽게 하면 처음부터 눈높이가 높아져서 현실의 주변인들을 무기력하게 보게 된다.

위인이 아닌 부모님이 가장 존경하는 사람이라면 그게 진정 좋은 세상이 아닐까.

삼국지는 역사 전공자가 보기에는 소설에 가까운 허구에 불과하다. 특히 그 속의 중화주의는 놀랍다.

내가 아는 한 세계의 전쟁사 중 가장 위대한 승리는 살수대첩이었다. 보급부대를 포함한 수나라 군대 300만 명은 당시 고구려 인구 전체와 맞먹었다. 이 불가능한 전쟁을 이끈 사람은 고건무와 을지문덕 장군이었다.

삼국지는 크게 과장되어 있다. 신적인 관우나 제갈량이 있는 촉은 왜 삼국 통일을 하지 못했나. 허구로 멋지게 과대 포장을 했기 때문이다.

내가 그렇게 봐주고 알아주기 때문에 그들의 가치가 빛나는 것이다. 이런 점에서 본다면 판단 주체인 나야말로 가장 소중한 존재이다.

61. 위인의 위대성에는 함정이 있다

공부를 할 때 연구 대상에 대한 존경심은 금물이다.

우리는 안 되지만 그분은 우리를 뛰어넘는 뭔가가 있다고 생각한다.

위인에 관련되어 이해가 안 되는 것은 시대와 문화적인
차이에서 발생한다.

예전에 동아시아 전통의 효 문화는 자식을 부모의 소유물로 봤다.
『삼국유사』의 「손순매아」에 이런 끔찍한 내용이 있다.

지금 생각하면 잔인하고 끔찍한 범죄지만 당시에는 나라에서
효자상까지 내려줬다. 영역을 넓혀 기후 환경, 철학, 사상 등으로
들어가 보면 이해하기 힘든 것이 넘쳐난다.

62. 모든 위인을 친구로 삼아라

성균관대학의 상징은 은행잎이다. 공자가 행단에서
제자를 가르친 것에서 연유한다. 이 행단의 행(杏) 자는
은행나무로 파악되어 상징이 되었다.

그러나 우리나라와 달리 중국에는 은행나무가 거의 없다.
공자가 살던 산동성 곡부에는 은행나무가 아예 없다.

행단의 행은
은행나무가 아닌
살구나무를 표현한 것이다.

→ 살구
나무

은행나무로
착각했구나.
살구나무가
진짜이다.

공자

네~

이황   이이

시대와 문화 배경 차이를 이해하고 항상 '과연 그런가?' 하며
줄기차게 의심해야 한다. 상대방을 존경하게 되면 그런 비판의식이
줄어든다. 위인이 아니라 성인일지라도 친구를 대하듯 해야 한다.

친구니까 편하게 묻고 답변하다 보니 자유로워진다.
이때 성인을 무시하고 따지는 배포와 자신감도 있어야 한다.

63. 이해가 안 되면 설명을 잘못한 것이다

머리가 좋은 사람은 어려운 단어와 표현으로
자신의 앎을 나타낸다.

붓다는 이런 사람들을 이렇게 표현했다.

말을 했으나
상대가
알아듣지 못하면

그것은
소리에
불과하다.

한마디로 '의미 전달이 되지 않으면 잡음이다'란 말씀.

시끄러….

책을 읽을 때도 마찬가지다.

공부는 책이나 스승을 통해 선행하는 지식을 습득하는 것이다.

떨어져 있는 대상의 지식이 어떻게 우리에게 전달될 수 있을까?

난 지구 전체를 제대로 본 적이 없어.

지구는 우주에 나가면 볼 수 있지만, 귀신은 보는 기능 자체가 없어.

재밌당..

꺄오

갑자기 귀신이 보...보이네

부들부들

매의 눈이나   개의 코

와 같은 예민한 감각이 인간에게는 없다.
감각 기관 자체에 차이가 있어 노력으로 해결되지 않는다.

스승에 의한 지식 습득은 귀신을 보거나 개의 코, 독수리의 눈을 가지는 것이 아니다. 우주선을 타고 우주에 나가면 누구나 지구를 볼 수 있는 것과 같다.

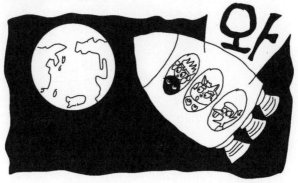

지구를 보는 능력은 내 능력이다. 스승은 보는 능력까지 주는 신이 아니다. 다만 관점 환기를 통해 주체적으로 볼 수 있는 각성을 이끌어 줄 뿐이다.

여기서의 각성은 기억 상실증 환자가 기억을 회복하는 것에 비유할 수 있다.

65. 실패는 없고 단지 유희만 있을 뿐이다

공부를 못하면 내 능력이 부족한 탓이라고 인식한다. 그러나 내면의 일부를
상기시키는 것이 배움이요 공부다. 모든 공부는 타(他)를 통한 자각이다.

자괴감은 현재 하고 있는 일과 재도전을 방해하기 때문이다.

그러나 '모든 것은 내 문제'라는 관점을 확립하면

이와 같이 불굴의 의지와 도전력은 공부의 필승전략이 된다.

66. 다름을 인정하라

세상 모든 사람들

다 똑같이 생각하고 다 똑같이 판단하면

밋밋하고 재미가 없다.

축구를 좋아하지만 잘하지는 못한다면, 굳이 축구를 할 필요가 없다.

야구를 더 잘하는 체질이라면 재미있게 야구를 하면 된다.

『논어』에 "경이원지(敬而遠之)"라는 말이 있다. '공경하되 멀리 하라'는 뜻이다.

공경합니다.

근데 왜 자꾸 뒤로 가냐?

뒤

쓰르르

공부도 마찬가지로 목표를 세우는 것이 중요하다.
그러나 넘을 수 없는 벽을 만들지 않는 것이 더 중요하다.

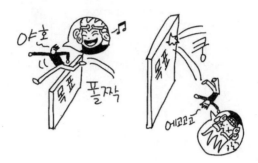

우리 모두는 특수한 존재로서 각기 다른 고유의
의미를 지니고 있기 때문이다.

다름을 인정해 줘야 한다.

다름에 대한 이해를 분명히 하면 비교 대상이 없어진다.

새로운 길을 만드는 건 어렵다.

그러나 그 길이 반드시 정답은 아니다.

170

모두가 "네" 할 때

하라는 게 아니다. 단지 '네'라고 하면서
'아니오'일 수 있는 가능성을 열어놓으란 것이다.

때로는 일탈할 수 있는 용기와 도전 정신으로 다른 사람을
넘어서는 참 나를 발견할 수 있다.

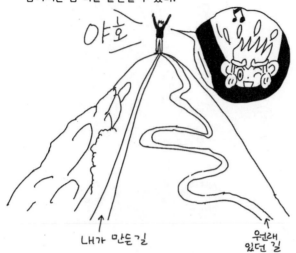

공부의 목적을 수립할 때 그 분야의 실력 있는 분을
이상으로 삼는 경우가 있다.

그러나 이때 자신의 능력을 높게 설정하는 것이 중요하다.
B분을 이상으로 삼으면 가능성이 제한된다.

다행히 A분을 이상으로 삼았다.

그러나 A분이 그 분야의 신화적 인물이라고 해도 결함이 없는 것은 아니다. 그 단점이 영향을 끼칠 수 있다.

68. 독립인으로 세상과 마주하라

붓다는 말했다.

진리에 의지하고 사람에 의지하지 마라

인간이라는 한정된 존재에 스스로 묶여 있을 필요는 없다.
제아무리 성현의 말씀이라도 '경이원지' 하는 당당한
기상이 필요하다.

우리 말 좀 들어봐, 인생에 도움이 된다니까!

성현들

경이원지.

천지를 이불과 요로 삼고
우주 별빛을 등불 삼는 원대함으로
사는데 사람에게 의지하는 것은
무력함이 아닌가.

174

신도 비웃을 수 있는 정신경계를 갖춰야만 우주와 더불어
노닐 수 있는 최고의 존재가 될 수 있다.

그리스 철학의 한 학파인 견유학파는 개처럼 생활하는 것으로 유명했다.
어느 날 알렉산더 대왕은 견유학파의 디오게네스를 찾아갔다.

동아시아 역사학의 최고봉은 중국의 사마천이다.
실제로 『사기』의 「열전」에는 역사적인 인물인 두 사람
간에 얽힌 대화들이 긴장감 있게 수록되어 있다.

근데 그걸 누구한테 들었을까? 동시대 일도 아니고
수백 년 전의 얘기들이, 두 사람만 알아야 할 은밀한
내용이 음성파일로 전해 오듯 수록되어 있다.

전부 그럴듯한 거짓이 아닐까? 작자의 판단에 의해
가감된 것은 아닐까? 이것은 생각할 것도 없는
극화된 허구로 의심된다.

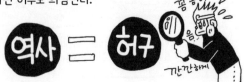

맹자와 고자의 대론을 기록한 부분이 있다. 고자가 타당한 말을
했으나 맹자가 이긴 것처럼 되어 있다. 왜 그럴까?

이렇게 보니 모든 전해지는 기록은 왜곡을 위한 수단이 아닐까 하는
의심이 안 들 수 없다.

재미있는 건 맹자가 한 말이다.

역사나 전통문화는 그렇다 하더라도 과학 같은 현대 학문은
다르지 않을까?

동서양의 모든 역사적, 과학적 학문은 전부 허구와 관련되어 있다.

그렇다고 모두 다 의미 없다는 것이 아니다.

'학문은 곧 진리이며 무조건 어떤 방식으로라도 학습해야 한다'는
규정은 존재할 수 없다.

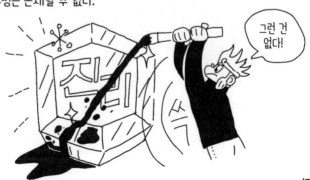

유연함과 자유로움 속에 나를 풀어놓아라.

공부에 종속되지 않고 공부를 우습게 봐야 쉬워진다.

연인끼리만 밀당하는 것이 아니다. 공부도 밀당이 필요하다.
아무리 맘에 들어도 일방적으로 매달리면 매력이 떨어진다.

공부하는 데 있어서도 마찬가지다. 과감히 무시할 수 있는
멋스러움이 공부의 한 재미고 낭만이기 때문이다.

70. 외줄 타는 사람은 밧줄의 세계만 본다

2005년에 개봉한 〈왕의 남자〉는 1,000만 관객이 보았다.
이 영화에서는 줄타기가 나온다.

외줄에 모든 신경을 집중하는 광대.

이 외줄은 닫힌 세계다. 이 줄에서 떨어져야 광대한 세상을 볼 수 있다.

플라톤의 동굴의 비유에서처럼 횃불을 버리면
그보다 억만 배 밝은 태양을 만날 수 있다.

우리는 끝내 횃불을 버리지 못할 거야.

왜들 안 나와?

동굴

『논어』에서 공자는 '인간이 스스로를 한계 짓고
나아가지 않음'을 책망한다.

통체적 집단의식

불교의 유식학에서는 인간의
가장 깊은 심리 속에는 모든 사람의
의식이 연결되어 있는 통체적
집단의식이 존재한다고 한다.

심리학자 카를 구스타프 융은 불교적 관점을 차용하여
집단 무의식이라는 측면을 제시했다. 예를 들자면

개별 PC는 각기 분절되어 개별적 영역에서 운영된다.

위와 같이 시스템이 완성되면 인터넷이 개별적인 하드
영역까지 통합하기에 PC에는 하드가 필요 없게 된다.

PC는 통로 역할만 한다. 현재 유행하는 클라우드 서비스가
이 같은 변화의 초기 단계를 보여준다.

이와 같은 관점을 공부법에 대입해 보면 이렇다.

배운다는 건 서로 간의 간격이 있다는 걸 전제로 한다.
그러나 일체의 관점에서는 모두의 경험이고 모두의 소유가 된다.

맹자의 「진심」 편에는 '일체는 모두 나에게 갖추어져 있다'라고 했다.

앞에서도 언급했듯이 동양학에서는 기억 상실증 환자가 자신의
기억을 되찾아가는 것이 진정한 공부라고 한다.

두 책을 통해 확인할 수 있다.
물론 이것을 정확히
증명하기란 쉽지 않다.

그러나 이와 같은 관점은 공부하는 모든 사람에게 무한한
자신감을 부여해 준다.

71. 공부란 밥 먹는 것과 같다

조선을 대표하는 천재는 율곡이다.

율곡은 '구도장원공'이라 했다. 9번 장원 급제했다는 뜻이다.

율곡이 49세에 사망했으니 3년에 한 번씩 열린 과거 시험에서 최소 20년간 전국 전체 수석을 했다는 의미가 된다.

9번은 많다는 의미이다. 실질적으로는 5번이나 이것만으로도 최고라는 수식어를 붙일 만하다.

율곡은 공부를 즐기는 천재적 인간으로 판단된다.
그런데 이황의 『퇴계집』에 공부 때문에
스트레스를 받는 율곡의 모습이 기록되어 있다.

그런 적이 있었나요?

율곡이 공부 때문에 스트레스 받아 힘들어했다.

퇴계집

율곡집

승승장구 한것만 기록

사람들은 나에게 물어본다.

어떤 의미로 보면 공부는 밥 먹는 것과 같다.
맛이 있을 때도 없을 때도 있으나 그냥 그렇게 평생 먹는 것이다.

눈이 내린다.

내린 눈이 쌓여 있다. 낮이 되면 해가 뜬다.

위의 눈이 녹는다.

아래로 물이 스며들고 밤에는 얼기를 반복한다.

이렇게 몇 달이 지나면
부드러운 눈은 사라지고 켜켜이
쌓인 빙하가 만들어진다.

공부 역시 이렇게 켜켜이 쌓여 가는 것이다.
공부뿐만 아니라 모든 일이 이와 같은 원리에 의해
견고해지고 힘이 붙는다.

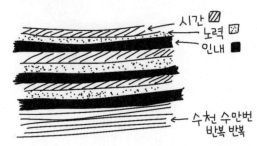

부드러운 눈이 단단해져 봄볕에도 녹지 않는 진풍경을 연출한다.

반복되는 공부의 힘이 붙으면 어지간해서는 흔들리지도,
무너지지도 않는 상태가 된다.

공부 또한 이처럼
지금의 나를 또 다른
나로 만들어간다.

73. 잘 잊는 것이 중요하다

책 백 권을 읽었을 때,

기억력 좋은 사람이 압도적으로 유리하다.

그러나 천 권, 오천 권, 만 권을 읽었을 때는 책 제목, 지은이, 출판사를 기억할 수 있을까? 내용은 차치하고라도 지은이조차 기억에서 흐려져 오직 이미지만이 남아 있을 것이다.

책을 읽은 거야 안 읽은 거야!

나 기억 안 나?

기억이 안 나!

내가 좋았다며···

해변을 달리던 버스 안, 바다 냄새.

여름이지만 바람이 땀을 식혀주는~

어린 시절 보았던 영화들은 대다수 기억하지 못한다.
그러나 TV, 라디오 등에서 그와 관련된 내용을 보게 되면
그때의 이미지가 떠오른다.

이때 기억력에 의존하는 학생들은 허둥댈 수밖에 없다.

인문학이나 동양학, 종교, 철학 등등 정답이 뚜렷하지 않은 학문
영역에서 문제는 더욱 심각해진다.

이럴 때는 문제가 없다.
그러나.

나처럼 세세히
외우지 않고
큰 이미지를 보는
사람은 문제가
안 된다.

하지만 정리하고 외우는 단답식 교육을 배운 학생들은
결국 머리가 다운되는 상황이 된다.

채우는 것도 중요하지만 잊는 것도 중요하다.

특히 어떤 학문이건 고급 영역으로 올라갈수록
승부를 가르는 것은 기억력이 아니라 창의력이다.

74. 너무 목적에 얽매이지 마라

『맹자』의 「공손추」에는 싹이 잘 자라지 않아
억지로 뽑아올리는 송나라 농부에 대한 이야기가 있다.

결국 그 싹들은 모두
말라 죽게 된다.

여기서 나온말이 '조장(助長)'이다.
맹자는 순리를 따라야지 억지로
조장하지 말 것을 강조했다.

다… 죽어
버렸어…

농부는 수확이라는 목적에 집중하다가
결국 목적을 잃어버린 것이다.

목적

바글 바글

이런 사람들이 송나라 농부뿐일까?

목적을 위해서라면
수단과 방법을
안 가리겠다.

맹자는 "천하를 조장하지 않는 이는 드물다"라고 했다.
공부도 마찬가지다.

전 우주를 가리는데 동전 2개면 충분하다.

공부할 때 조급하고 목적에 매몰되어서는 안 된다.
마치 마라톤 선수가 끝까지 완주하고 그 과정에서 일등까지
하려면 페이스 조절을 잘해야 하는 것과 마찬가지다.

75. 자고 나니 다 배워져 있다

우리가 한국어를 배울 때를 생각해보자.

먹고   자고   울고   기타등등

저렇게 2년 정도 시간을 뭉갠 뒤 어느 날

엄~마 ♥

지금 엄마라고 했지!

놀라운 가속도가 붙는다.

말이 청산유수야.

엄마, 웬만하면 밥 먼저 주라 배고프다.

이렇게 모국어는 젖먹이가 별 목적 없이 누워있을 때 습득된다.
부모가 언어 장애가 없는 이상, 결국 어깨너머 교육인 셈이다.
또한, 모국어의 재미난 점은

야. 너 저번에 약속 펑크내고 그러는 거 아냐.

?!

아차! 이 말은 지금 하면 안 되지….

말이 생각을 따라가야 하는데 생각이 말을
따라가는 경우가 생기는 희한한 일이 생긴다.

생 각   말

또 모국어를 배우는 기간에 사투리를 익히게 되면 싫든 좋든 간에 내 의지와 상관없이 단어와 억양을 평생 가지고 가야 하는 경우도 있다.

※도: 달라는 경상도 사투리

76. 가장 다루기 힘든 사람은 바로 나다

사마천의 『사기』에 '명마는 채찍 그림자만 봐도 달린다'라는
글이 있다.

198

모택동이 국공합작의 결렬로 인해 장개석의 군대에 쫓겨
대장정을 하던 중의 일이다.

그리고 약속한 날짜에 돌려주었다.

쫓기는 상황에서 농사 지을 일이 있을까? 그럼에도 불구하고
계속 빌렸다가 제 날짜에 돌려주는 일을 반복했다.

결국, 이와 같은 소소한 신뢰들이 쌓여 모택동은 중국을 차지하게 된다.
나를 컨트롤함에 있어서도 신뢰가 중요하다.

나와 한 약속은 무시하고 남과 한 약속은 중요시한다.

여기서 핵심은 대장정 때의 중국 공산당처럼 사소한 약속을 반복적으로 지킴으로써 신뢰를 두텁게 한다는 것이다.

나는 나 자신과 몇 가지 약속을 했다.

이렇게 어렵지 않은 약속을 실천하면 된다.
물론 부득이한 상황이 생기면 예외가 있을 수 있다는
규정은 처음부터 정해놓고 약속하면 된다.

예) 일주일에 5번은 꼭 지키자.

이런 상태의 진행 과정을 확인해볼 수 있는 방법이 있다.
자기 전에 '내일 5시에 눈 뜨겠어'라고 다짐해보라. 그러면 알람
같은 외부 기기 도움 없이 저절로 눈이 떠지고 활동상태로 전환된다.

77. 어떤 책이든 끝까지 읽어라

책을 끝까지 읽는 버릇이 중요하다.

그러나 현실은 그렇지 못하다.

재미없거나 흥미가 없으면 중간에 포기해 버린다.

흥미로운 책 이외에는 끝까지 못 읽게 된다고!

어렵고 생각 많이 하는 책 싫어.

재미있고 흥미 있는 책만 볼 거야.

부분을 봐서는 이해하기 힘든 책이 있다.

전체를 읽어야 이해 가능한 책

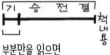

부분만을 읽으면 이해 불가능.

전체를 읽어서 내가 선택한 책에 신뢰를 강화한다.

다~ 읽었다.

그리고 내적인 지구력과 정확한 판단을
위해서라도 반드시 필요한 측면이다.

또한 도저히 읽기 힘든 책인 경우에,

어렵다.

쓴 사람도
있는데 읽는게
뭐 그리
어려울까.

사서 보는 것 역시 끝까지 읽는 데 도움이 된다.

재일기문고

내 돈 주고
산 책이니 끝까지
읽겠지~

계산대

계산해
주세요.

네.

물론 상황에 따라 재미없는 책을 빠르게 속독할 때도 있다.
그러나 중간에 멈추는 버릇을 들이는 것은 선택에 대한 철회라는
점에서 내적 컨트롤에 매우 부정적으로 작용하니 끝까지 읽도록 하자.

결 /야호   /안눈다.   /멈추지   /꿍   /시작하면

전

승

책읽기

책 완독   ← 시작

78. 황제의 말에는 취소가 없다

전한의 원제는 수많은 후궁이 있다 보니 왕소군이라는
절세미인이 있는지조차 몰랐다.

북방의 흉노족이 부인이 될 여자를 요구하자 왕소군을 보내게 된다.

세상에 이렇게 아름다운 절세미인을 주다니 이게 꿈이냐? 생시냐!

흉노에게 한나라 최고의 미인을 주다니. 너무 아름답다.

그러나 황제는 번복할 수가 없었다. 말을 취소하거나 번복하면
권위가 떨어져 명령이 안 먹히게 된다.

황제가 이랬다 저랬다.

무시 하고 깔봄

시정잡배냐!

우리의 내면은 황제와 같은 자세를 가져야 한다.
즉 어떤 일이 있어도 취소나 번복을 하며 자신을
합리화해서는 안 된다.

또 번복하려고.

가자!

현재의식

무의식

뿌로퉁

무시

이것이 충돌해서 번뇌와 잡념이 생긴다.

이런 상황이 중국의 춘추 전국 시대의 모습이다. 이렇게 내전이 터지면 공부는 물론 나의 발전조차 불가능해진다.

사물의 이치를 이해하고 뜻을 세워 마음을 바로 한다.

이렇게 내면이 통일되면

비로소 몸을 닦고 가정을 다스리고 확대해 나라와 세계를 다스린다. 즉 천하를 평정하는 기본은 깊은 공부를 통한 내적 통일이다. 멋지고 낭만적이지 아니한가!

79. 정공법이 가장 빠른 길이다

모든 일은 처음에는 쉽게 풀리다가,
어느 정도 하게 되면 진전이 안 될 때가 있다.

포기하는 자   버티는 자

전자는 더 이상 기대할 것이 없고, 후자는 다음 2단계로
넘어가게 된다. 이것을 대나무 속 같다고 표현한다.

대나무는 속이
비어 있어 쉽게
나아갈 수 있다.

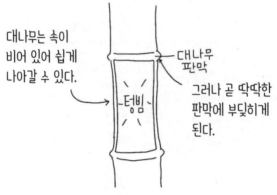

대나무
판막

그러나 곧 딱딱한
판막에 부딪히게
된다.

누가 더 고수인가는 몇 개의 판막을 뚫었느냐로 판가름난다.

인간관계도 마찬가지다. 한 번 어느 선을 넘어가면 다음에는
그 선에서 관계가 시작되는 것이다. 마치 대나무 판막을 넘어가듯이.

80. 절제를 통한 쾌락만이 진정한 쾌락이다

반복되는 노력은 익숙함이 되고 이것이 편안함이 된다.

영국 BBC의 다큐멘터리 프로그램에서 노부부가
행복하게 사는 이유를 소개했다.

직장은 적당한 긴장감이 있는 공간이다.
가정에서도 자신을 완전히 풀어놓지 않는다는 말이다.

그리스 철학파 중 하나인 에피쿠로스학파.

그러나 이들이 발전하면서 금욕주의자로 변하게 된다.
예를 들어보자. 팔계는 매일 열심히 일한다.

그러다가 어느 날.

한참을 술에 절어서 사니깐 좋을 줄 알았는데….

점점 술에서 오는 쾌락이 사라진다.

후대의 에피쿠로스학파는

절제를 바탕으로 해야만 더 크고 길게 가며 진정한 쾌락이 된다.

더 나아가 금욕주의까지 발전하게 된다. 이 정도면 본말이 전도된 것이다.

쾌락주의 ⇨ 절제하는 쾌락주의 ⇨ 금욕주의

그럼에도 절제를 통한 쾌락이라는 공식만큼은 분명하고 명확하다.

발전은 현재 익숙한 것을 부정함으로 시작된다.
안정되고 싶다면 반복해서 익숙해져라. 이 두 가지가
선순환하면 공부는 물레방아처럼 빠르게 회전하며 이루어진다.

당연한 말이지만, 소설은 모르고 읽어야 재미있다. 그래서 소제목이
없는 소설이 많다. 내용을 파악할 수 있는 단서는 모두 빼버린 것이다.

그러나 전문 서적은 너무 모르고 보면 절망에 빠질 수 있다.

무슨 말이야?
아예 모르겠어…

배경 지식이 30% 미만이면
어렵게 느껴진다. 최소 40~70%를
맞추는 게 학습에 도움된다.

배경지식
30%
미만

반면 80%가 넘어가면 아는 내용이라 시시해진다.

이건 다 아는 내용이잖아.
재미없잖아.

공부를 하다 보면 독일이 폴란드를 침공하듯 바로 옆 나라를
침공할 때도 있지만, 콜럼버스처럼 신대륙의 발견이라는
전혀 다른 상황에 직면할 때도 있다.

신대륙

헉헉 단신

이때 우리는 이해함도 중요하지만, 특히 더 중요한 것은 익숙함이다.

그러므로 일단 익숙해지고, 이를 바탕으로 진전이 있도록 유도하라.

공부는 한번 흥미가 떨어지면 도미노처럼 연속적인 붕괴를 직면한다.
그러므로 섬세한 기술이 필요하다.

82. 모방을 통한 발돋움과 창조로의 귀결

 기본적인 이해 증진, 자료의 정리 베끼기 등의 방식은 실력의 도야가 목적이다.

 좋은 자료를 잘 파깁기하여 얼마나 효율적으로 재가공할 수 있느냐가 기준이 된다.

 개인의 판단과 관점을 발휘한다. 박사 이전에는 개인의 관점이 없어도 문제 되지 않는다.

> 흔히 공부는 자신의 관점을 효율적으로 표현하는 것이라고 하지만, 이는 최종단계에서의 제한된 요구이다.

추사도 처음부터 자신의 필체를 만든 것이 아니다.

> 인고의 노력 대부분은 전대의 훌륭한 서법에 대한 모사이다.

> 벼루 10개, 붓 1000자루가 닳아 없어질 때까지 쓰고 또 썼다.

그런 후에야 비로소 모사를 넘어 자기 경지를 완성한다.

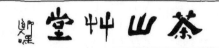

누구나 자신의 필체는 있다. 그러나 이러한 자기 필체를
인정받지 못한다면 한 개인의 글씨에 불과할 뿐이다.

추사체는 철저한 체본과 지난한 모사 과정이 있었기에
누구나 인정하는 명필이 된 것이다.

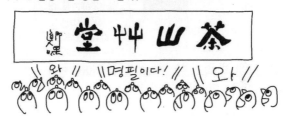

공부도 마찬가지다. 선학(先學)에 대한 충분한 검토와 연구가
전제되어야만 이를 바탕으로 자신의 견해에 타당성을 확립할 수 있다.

이런 유효한 지식의 파갑기도 그 안에 갇히게 되면,
비약과 발전 없이 남의 생각을 되새김질하는 것밖에 되지 않는다.

83. 배운 것을 일상에서 활용하라

올바른 공부란, 밥 먹고 씻는 것처럼 일상적이어야 한다.
중국 선종에서는 진리란 '항다반사'

항상 있는 보편성이라 했다. 이는 공부에도 적용되는 좋은 관점이다.

문학
남과 다투는 과정에서도 문학적인 수식을 떠올린다.

그녀는 문어가 먹물을 뿜어내듯 화를 흩뿌렸다.

상징 공부
카메라가 없어도 가상의 카메라 시각을 확보한다.

오~ 멋진 화면구도 다

음악 공부
모든 언어와 소리를 음악적으로 재해석.

오빠야

오 빠야

미술 공부
모든 비주얼에 관심을 가지고 그 속에서 조형적 아름다움을 찾아낸다.

와우!

이렇게 삶과 공부가 함께 가는 구조가 완성되면 생활 자체에서 공부가 점차 누적된다.

삶 자체가 공부로 쌓인다

명나라 왕수인은 지행합일, 아는 것과 실천의 일체화를 주장했다.

知行合一

삶과 유리되지 않는 앎, 그것은 삶 전체가 그대로 공부가 된다는 것을 의미한다. 멋들어진 공부의 낭만이다.

신유학파 중 한 학파인 왕수인의 양명학에서는
미쳤다는 의미의 '광'이라는 글자를 높게 쳤다.

왕수인

狂

성현의 아래 단계까지 높이
쳐준다. 광(狂)이 되지 않으면,
무엇을 이루기가 쉽지 않다.

2006년에 베스트셀러 『미쳐야 미친다』라는 책이 있었다.
한문으로 불광불급, 즉 '미치지 않고 미칠 (이룰) 수 없다.'

不狂不及

자신이 선택한 가치에 미칠 수 있는 사람은,
그것이 무엇이든 존경받아야 한다.

만년필 매니아

루뻬

狂

오디오 매니아

여기까지 되는 게
쉬운 일이 아니지.

狂

스스로 즐기지 않는 사람은 학문의 피로도가 더 많이 쌓인다.

그러나 피할수록 피로가 누적된다면 즐기는 해법밖에 없다.
즉 '피할 수 없으면 즐겨라.' 그 즐김 속에서 해결하는 것뿐이다.

나는 어떤 일에 대한 판단이 모호할 때는
혼잣말을 하면서 정리하고는 한다.

순간 뻘쭘하지만 분명한 것은 말을 하면서 정리를
하는 것이, 생각으로 정리하는 것보다 효율적이다.
특히 나를 타자화하여 설득하면 더 강력해진다.

말보다 더 강력한 것은 내가 가진 목적이나
생각을 글로 써서 정리하는 것이다.

86. 자신을 납득시켜라

공부를 좋아하는 사람은 드물다.
그러나 반드시 필요한 것이다.

누가 그걸 모르냐구.
그래도 하기 싫어.

그런데 한 번 생각해보자. 다음날 아주 중요한
약속이 있어 일찍 일어나야 하는 상황일 때.

으~음 신기하네.
알람 5분 전에 눈이 떠지네.

그것은 완전히 내면 속 깊숙한 무의식까지
설득되어 최고의 우선권이 작동한 결과이다.

내일 일찍
못 일어나면
정말 큰일 나!

완전히 내면
무의식

만사 제쳐 놓고라도
꼭 일어나야 해!

공부도 이와 같이 설득의 문제다.

억지로 끌고 가면
그때뿐이지!

설득이 되어
무의식까지 작동되면
꾸준히 할 수 있다.

87. 모든 변화는 70%에서 작동한다

1997년 영화 〈넘버3〉의 주인공 한석규의 대사 중에 이런 말이 있다.

51%는 과반이 넘는 것이니, 다 믿는 거야.

그런데 과연 51%만으로 전부가 될 수 있을까?

한국재벌

우리는 몇 %만으로도 거대 기업을 완벽하게 장악하는데, 51%는 많아도 너무 많아.

그러나 이것은 아주 특별한 경우다. 일반적 경우가 아니다.

평범한 삶에서 특별한 것을 만나려는 것은 허영일 뿐이다. 신데렐라가 요정을 만나고 흥부가 신통한 제비를 만날 확률보다 벼락 맞을 확률이 더 높다

번쩍

꺄악

51%만으로는 사고방식이나 삶의 태도를 바꾸기는 불가능하다.

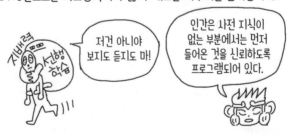

지배력

선행학습

저건 아니야 보지도 듣지도 마!

인간은 사전 지식이 없는 부분에서는 먼저 들어온 것을 신뢰하도록 프로그램되어 있다.

선행 학습된 잘못된 지식을 수정하기 위해서는
훨씬 더 많은 노력이 수반되어야 한다.

다이어트를 위해 식습관을 바꾸어도 계속 유지하지 못하면
바로 원상 복귀된다.

88. 맛있는 사과 먼저 먹기

2009년도 베스트셀러!

마시멜로 이야기

참을 줄 아는 사람이 성공한다!

마시멜로 1개를 4살 아이에게 주며
15분만 참으면 1개를 더 주겠다고 약속한다.

15분 후

겨우 참았어요.

맛있다. 또 먹고 싶어요.

참아낸 아이가 자기절제와 조절 능력이 뛰어나
성공 확률이 높다는 게 주 내용이다.

하지만 사람 앞일은 아무도 모른다.
일단 자기절제 능력을 갖추고,
먹고 보는 것이 더 타당하다.

공부란 A와 B 두 점 간의 최단 거리를 구하는 것이다.

A •———직 선———• B
최단거리
(과거)

그러나 현대에는 직선만 있는 것이 아니다.

엄홀처럼 직선보다 더 곧은 직선도 있고,
또 때에 따라서는 기차보다 비행기가 빠르듯
곡선이지만 직선보다 더 빠른 곡선도 있다.

하나의 문제에

맛있다

225

89. 공부는 편식이 더 긍정적이다

음식을 편식하면 안 좋다.
그러나 공부는 편식하면 즐겁고
능력치가 최대화된다.

나는 평생 하고
싶은 공부만 했다.
하기 싫은 건
안 했다.

뭘볼까나?

나는 어린 시절부터
보고 싶은 책을
10권 정도 쌓아두고서
구미가 당기는
책을 보았다.

이렇게 독서를 하면
학습의 효율성이
훨씬 높아진다.

쭉 학습효율 쭉

좋은 것 중에서
더 좋은 것을 보기 때문이지~

난 언제쯤
볼건데?

→ 우선 순위에서
밀린 책 발생

226

그런데 왜 웃냐고? 다른 사람도 아닌 나와 관련된 일이라면
돈이 문제가 아니다. 돈이 들더라도 효율성을 갖추는 게
결과적으로 더 큰 이익이다.

90. 공부에도 끼워팔기가 있다

사람이 하고 싶은 공부만 하고, 하고 싶은 일만 하고
살 수는 없다. 그러므로 공부에도 정부에서 시행하는
시내버스 회사 운영 방식이 필요하다.

또 이렇게 해서 점차 재미없는 영역까지도 친숙해지면,
나중에 재미없는 것만 해도 덤덤한 가운데 그 안에서
나름의 재미를 찾을 수 있다.

세계 어느 자료들도 인터넷으로 얼마든지
취합하여 공부를 하거나 논문을 마음껏 쓸 수 있다.
도시와 산골 간의 정보격차조차도 사라져버렸다.

그 속을 잘 뒤지면 매우 유용한 지식을 거의 모두 찾을 수 있다.

현대에는 내가 찾고자 하는 지식을 최단 시간에 찾는 것이 중요하다.

도서관은 인터넷 하부 구조 속에서 정보를 제공하는 보충적인 기능으로, 인터넷 영역 내에 존재할 것이다.

92. 출전을 파악하라

공부는 유용한 지식을 찾아 개념을 이해하는 것에서 시작한다.

아울러 그 당위성을 위한 정확한 출전 파악이 필요하다.

1. 일반적 개념 정리를 해 주는 간략한 사전 (전문적인 공부에 도움 안 됨)

2. 전문적인 사전으로, 이런 사전은 반드시 출전이 표시되어 있다. 이 출전을 역으로 들어가서 확인하는 것이 중요!

문제는 한글로 된 것이 별로 없다. 일본이나 미국 사전을 볼 수밖에 없다. 외국어 역시 인터넷으로 어느 정도 해결할 수 있다.

출전을 확인하는 습관은 공부하는 데 아주 중요하다.
이는 마치 떠도는 소문의 근원을 파악하는 것과 같다.

소문이 틀렸어. 저기서 시작되었어.

이제야 전체적인 흐름이 파악되는군~

고급 공부는 결국 원 자료를 바탕으로 한다.
출전을 파악하고 외우는 것은 선택이 아니라 필수이다.

93. 논문이 맞을 거라는 생각을 버려라

잘 모르시는 분들은 논문이 확실하다고 생각한다. 그러나 그 확실은 제한된 과학적 확실성에 불과하다. 즉 현재까지 검토 가능한 사실을 기반한 제한적인 확실성일 뿐이다.

모든 논문은 모두 현재의 합리성을 가진 허구! 그러나 새로운 발견이 되면 큰 폭으로 요동치지.

내 이론이 드디어 증명되었다!

앗! 내 이론이 틀리잖아.

미래

과학 발전

새로운 발견

승

논문은 정직할 수는 있어도, 그것이 사실인지 정확히 알 수는 없다.

나는 논문을 '합리적인 구라'라고 정의한다. 최대한의 자료를 바탕으로 합리적인 결과를 도출하는 것이 논문일 뿐. 그 진실성은 알 수가 없다.

94. 논문 역시 읽는 사람에 대한 설득이다

논문은 관련 자료 검토를 통한 합리성 제시,
그리고 이것을 주장하는 작가의 치밀한 설득 구조이다.

관련자료

앞에서도 말했지만,
그것이 합리적인
사실인지 알 수는 없다.

통신과 스마트폰의 발달은 글의 논리적 구성에는 부정적으로
작용한다. 논리적인 글보다는 감각적이고 압축적인 글이 위력을
발휘하는 세상이 되었다.

그러나 아직 공부와
관련해서는 압도적인
위력을 발휘하고 있다.

공부
논문

이런 점에서 석·박사 또는 그 이상의 과정에서는,
글쓰기를 통한 의견 피력과 상대에 대한 설득 확보는 필연적이다.

어디 한 번
우리를 설득해
봐.

석사 박사

설득되나
보자고~

95. 어떤 방향이든 주제를 수립하라

글쓰기에서 구상을 확립하고 하나의 주제와 관련해서 일관된 논리를 전개하는 것은 매우 중요하고, 상당한 노력이 요구되는 일이다.

조선 시대 화원들은 왕의 어진(초상화)이 낡으면 똑같이 베껴 그려야 했다. 이때 어진의 임금 수염 숫자까지 세었다고 한다. 보통 필력으로는 불가능한 일이었다.

글쓰기도 이와 같다. 하나의 주제를 탄탄한 논리 구조로 밀고 나가는 내공이 있어야 하는데 오직 반복 훈련 이외에는 묘수가 없다.

96. 공부에서는 글이 가장 중요하다

생각으로는 될 것 같은 내용도, 막상 말을 해보면 모순이
드러나는 경우가 있다. 그리고 글로 써보면 더한 모순도 보인다.

『주역』「계사전」에
"서부진언
언부진의(書不盡言
言不盡意)"라는
말이 있다.

'글은 말을 다 할
수 없고, 말은 뜻을
모두 전달하지
못한다.'라는 뜻이다.

그러나 공부는 반대이다. 뜻이 아닌 말이 중요하며,
말보다는 글의 표현에 더 많은 비중을 둔다.

물론 여기에는, 당연히 말과 글로 할 수
있는 뜻을 만들어내는 것이 핵심이다.

뜻이 완벽하게
글로 전달될 수 있는
방법은 없다.

뜻
(생각)

말

글

읽는 사람이 글쓴이의 뜻을 그대로 받아들이지 않는다.

책출간

읽는 사람은 자신만의 관점과 시각으로 이해한다.
그래서 글로 상대방을 설득하는 것은 어렵다.

97. SNS를 활용하라

글에 의한 설득은 무엇을 아는 것과는 또 다른 문제이다. 이런 점에서
SNS를 활용하여 자신의 생각을 대중에게 보이는 것은 매우 유용하다.

자신의 생각을 피력하는 글쓰기와 대중의 반응을 동시에
인지할 수 있기 때문이다.

SNS는 일반적인 문서 작업과 차이가 있다. 대중교통 속 자투리 시간을
활용하기에도 좋다. 문장과 글 구성은 많이 쓰는 것 이외에는 방도가 없다.

98. 무의식을 무시하지 마라

나는 비슷한 책을 여러 권 본다.
같은 책을 여러 번 보라고 권하지 않는다.

이는 정보의 다양성과, 무의식이 받아들이는 양과 관련된다.
현재 의식 역시, 새로운 책을 대했을 때 흥미를 더 느낀다.
어떤 분야든 이렇게 공부하는 것이 유리하다.

238

마르쿠스 아우렐리우스는 『명상록』에서, 소리를 내지 않고 책을 읽는 방식이 있는지 몰랐다고 한다. 묵독(默讀)이 있다는 것을 알고 매우 놀랐다는 것이다.

눈으로 글을 훑으면서 읽는 방식이 있다니, 소리 내어서 읽어야만 하는 줄 알았다.

가장 좋은 독서는 눈으로 읽다가 중요한 부분을 짚어서 속으로 소리 내어 읽는 방법이라고 하겠다.

그러나 나도 이미 알고 있는 내용인 경우는 읽는 속도가 빨라진다. 인간은 익숙한 모국어에 한해서, 글자를 하나씩 모두 읽는 것이 아니라 전체적인 단어의 이미지를 보는 방식으로 읽기 때문이다.

술술~ 읽어져서 신기하네

아래 예문을 읽어봐라.

캠릿브지 대학의 연결구과에 따르면, 한 단어 안에서 글자가 어떤 순서로 배되열어 있는가 하것는은 중하요지 않고, 첫째번와 마지막 글자가 올바른 위치에 있것이 중하요다고 한다. 나머지 글들자는 완전히 엉진창망의 순서로 되어 있지을라도 당신은 아무 문없제이 이것을 읽을 수 있다. 왜하냐면 인간의 두뇌는 모든 글자를 하나 하나 읽것이 아니라 단어 하나를 전체로 인하식기 때믄이다.

아는 내용이 많을수록 책 읽는 속도가 빨라진다. 즉 같은 종류의 다양한 책을 읽게 되면, 외우지 않고도 효율적으로 전문가 수준의 지식을 습득할 수 있다.

100. 하나의 중심 책을 만들어라

같은 분야의 책 10권을 읽을 경우, 이를 정리할 수 있는 하나의
중심 책이 필요하다. 서로의 관점 차이에 의한 충돌 양상이
생길 경우, 기준을 잡아주는 책이 반드시 필요하다.

나무로 치면 중심기둥 역할을 하는 책을 선정하고,
나머지는 기둥에서 파생되는 가지와 같은 역할을 한다고 생각하라.

중심이 되는 책은 반드시 전문가가 써야 한다.
잘못되어 실수로 비전문가의 책이 중심이 되면 '선행하는
지식이 옳다'는 인식 때문에 오류를 고치기 쉽지 않기 때문이다.

240

단, 그 책이 제아무리 전문가의 책이라 하더라도 나의 관점이나
서술방식 등에 맞지 않는다면 중심 책이 될 수 없다.

또한 보편성이 있어야 한다. 만일 전문가가 쓴 특수한 책이라면,
그것을 일반적인 책에 연결해서는 이해하기가 어렵다.

그러므로 보편적인 책이 가장 좋다. 가장 일반적인 정설을
모아놓은 것으로, 오류 발생의 개연성이 가장 적은 책이어야 한다.

중심 책을 정하고 나면 그 책을 완벽히 숙지한다.
그런 뒤에 같은 분야의 다른 책을 읽으면,
바람 부는 날 배를 띄우고 돛을 펼친 것과 다름없다.

101. 오랑캐는 오랑캐로 제압하라

전문가의 책에 대해 내 맘대로 옳고 그름을 판단하지 마라.
교만한 마음만 커져 공부에 방해가 된다.

그렇다면 여러 가지 관점들이 충돌하는 부분들은 어떻게 정리해야 할까?
그것은 서로 다른 전문가들의 견해를 상호 충돌시키면서 정리하면 된다.

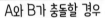

먼저 A와 B의 논리를 각각
따라가서 이해한 후~

A의 논리로 B를 깨트리고,

B의 논리로 A를 깨트린다.

이러한 과정에 의해 더 정교한 논리가 발견된다.

이 과정이 되풀이되면 내가 A나 B보다 못한 사람이라고 해도,
결국 A나 B를 능가하는 견처(見處)를 얻게 된다.

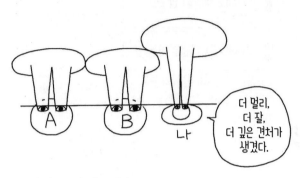

즉 오랑캐로 오랑캐를 제압하는
'이이제이(以夷制夷)'가 되는 것이다.

102. 사전과 친해져라

세상에는 두 가지가 존재한다.

1 익숙해도 배우지 않으면 모르는 것.

2 익숙해지면 저절로 아는 것.

모국어를 배울 때 단어의 뜻을 파악하기 위해 국어사전을 찾는 경우는 거의 없다.

가만히 있어 봐. 이 단어가 맞나? 애매해….

아기가 사전을 찾네.

국어란 그냥 우리나라 안에 살다 보면 저절로 터득하게 된다.

그러나 뚜렷하게 정리된 것은 아니기 때문에 알아들을 수는 있어도 정확히 설명할 수 없는 문제가 있다.

일상적인 언어사용에 있어서 개념이 흐릿해도 큰 문제가 되지 않는다.

대한민국

그러나 학문은 여러 개념들이 논리적으로 직접되는 것이다. 일상언어와 학문적인 언어 사이에는 엄밀성의 문제에 있어서 차이가 존재한다.

일상언어

학문언어

엄밀성

이 부분이 뚜렷하지 못하면 지반공사를 단단히 다지지
못한 상태에서 고층건물을 세우는 것과 마찬가지다.
결국 고등 학문으로 올라갈수록 흔들리는 상황이 된다.

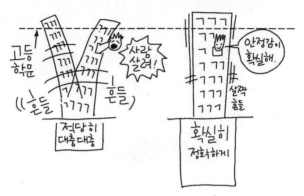

모국어는 이미지로 기억한다. 이미지는 가변성이 있다.
그런데 국어사전을 보면 이미지가 뚜렷해지면서 구체화된다.
흐린 물이 정수기를 거치면서 맑은 물이 되듯, 의미가 불분명한
단어들이 사전이라는 정수기를 거치면 우리 머릿속이 뚜렷해진다.

개론서는 전체가 일목요연하게 정리되어 있어,
해당 공부 영역의 지구본 같은 역할을 한다.

즉 지구본은 지구 자체는
아니지만, 지구를 파악하는
중요한 수단이 된다.

개론서를 놓지 않는 것이야말로 대가의 기풍이라 할 수 있다.

새로운 공부를 할 때
개론서를 본다고 한다.
그러나 개론서야말로
특정 공부를 할 때
계속 틈틈이 읽어야
할 책이다.

소동파는 대나무를 그릴 때 먼저 대나무를 치밀하게
관찰해서, '흉중성죽(胸中成竹)' 즉 대나무가
가슴속에 완성되었을 때 그렸다고 한다.

이제
그릴 수
있겠다.

소동파

정선으로 대표되는, 조선 후기의 진경산수화도 마찬가지다.
진경산수화는 경치를 충분히 봐서 마음에 새기고,
이를 바탕으로 집에 와서 대상을 보지 않고 그림을 완성한다.

관념산수화가 현실적인 자연을 보지 않고 가공의 상상 속의 산을
그린 것이라면, 진경산수화는 현실과 작가의 내면이 조화된
결과물이라 하겠다.

공부도 마찬가지다. 자신이 대상으로 하는 전체구조가 3D로 내면에
존재해야 한다. 나침반 하나로 망망대해를 떠다니는 것은 무모하다.

104. 역사와 사상은 결코 유리된 것이 아니다

개론서가 전체 지도라면, 역사는 시간의 지도이다. 정확하고 분명한 역사에 대한 인식이 있어야 그 안의 흐름을 파악할 수 있다.

역사는 쇠사슬의 고리처럼 서로 연결되어 함께 연동한다.

개별적인 측면에서 고려청자와 조선백자는 완전히 다르다.

청자와 백자는 완전히 다른 두 개의 사건이 된다. 그런데 한국사의 흐름에서 보면 양자는 서로 연결된 연속선상의 가치일 뿐이다.

이민족의 침입이나 정복 같은 격변을 겪게 되면, 미감이나 민족적인 정서가 바뀌는 것은 당연하다.

248

그러나 고려에서 조선으로의 전환에는 그런 측면이 존재하지 않는다.
사상의 변화가 고려와 조선의 차이를 만들었다고 볼 수 있다.

이런 점에서 역사와 사상은 상호 보충 관계를 형성한다.

105. 암기보다 전체구조를 이해하는 데 집중하자

태정태세문단세···.

조선 건국 1392년.

참 열심히들 달달 외우는구나.

역사는 입시제도에서 배점이 낮고 묻는 방식 역시
특정 부분에 대한 단순한 구조로 되어 있다.

역사는 암기과목이 아냐.
다중의 인과법에 의한
거대한 흐름이다.

그래!!

설악산의 단풍을 단풍나무 몇 그루가 말할 수 없다.
장대한 대자연이 가을을 연출하는 거대한 파노라마인 것이다.

공부가 어렵다고 느끼는 것
중 하나는 전체를 판단하지
않고 일부분에 과도하게
집중하기 때문이지.

공부는 단거리 경주가
아닌 장거리 경주이다.
올바른 방법에 입각해
누적될 수 있도록 하는
공부법이 중요하다.

불처럼 순간 활활
타오르는 게 아니다.

이런 점에서 단순 암기보다 구조를 이해하는 공부법이 중요하다. 역사, 문화, 사상적 세계관 등을 통합해, 전체적인 배경을 이해하는 데 충실할 필요가 있다.

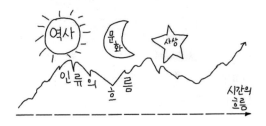

역사를 공부할 때 머리에 구체화되지 않는 것은 지도와
지명에 이해가 부족하기 때문이다.

고구려 장수왕은 구체적인 모습이 역사에 나오지 않는다.
실루엣으로만 남아 있다.

이소룡과 마릴린 먼로는 직접 보지는 못했으나,
영상매체로 많이 접해서 기억할 수 있다.

지도의 이해는 사건발생지의 기후 환경,
지형적 특성을 파악할 수 있기에 사건을
구체적으로 이해하는 데 큰 도움이 된다.

252

지명에 관련해 필수적으로 알아두어야 할 측면이 존재한다. 예컨대 영남의 영(嶺)은 군사적 요충지 조령과 죽령의 영을 가리키고, 호남·호북을 분기하는 호(湖)는 김제의 벽골제와 금강을 의미한다. 그리고 영동·영서의 영은 대관령의 영을 뜻한다.

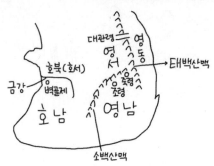

경상도 = 경주+상주
전라도 = 전주+나주
충청도 = 충주+청주
강원도 = 강릉+원주

경기 = 군주의 직할지를 의미한다.

위의 지도는 중국식 방식이고 아래의 도 명칭은 우리나라식 방식이다.

이렇게 확인되는 지도는 국토 전체를 이해하는 데 중요한 요소가 되고,

이와 같은 배경지식은 역사의 이해를 돕고 머릿속에 효율적으로 정리되게 한다.

107. 가능한 곳이면 직접 답사하라

중국에는 '강남수향(江南水鄕)'이라는 말이 있다.
강남은 중국 회수와 양자강의 남쪽인데,
물이 많아 물의 고향이라고 부른다.

강남은 푸른 대지와 강으로 뒤덮여 있다.
노자가 왜 물을 찬미했는지 이해할 만하다.

하지만 북방의 척박하고 황막한 황토 벌판에 가보면
공자가 왜 '예'를 강조했는지 이해할 수 있다.

즉, 그 지역에 가서 직접 그들이 처했던 환경을 경험하면,
그들의 사유방식을 명확하게 알 수 있다.

붓다의 아버지 정반왕이 그려진 옛날 그림을 보면, 인도의 문화를 알지 못했으므로 세종대왕과 같은 익선관을 쓴 모습으로 표현되었다.

이런 점을 본다면 백문이 불여일견이라는 말이 쉽게 이해된다. 그래서 여행만큼 실질적이고 확실한 것이 없다.

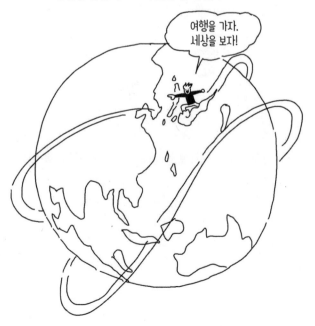

108. 생애를 분명하게 이해하라

사람의 생애에서 나타나는 행동 양식은 쉽게 바뀌지 않는다.
그렇기에 그 사람이 견지하는 관점이 고스란히 드러난다.

그러나 사람의 생애를 알고 밖에서만 이해하는 것을 넘어서, 내가 그
사람이 되어 판단해보면 왜 그와 같은 사고가 가능한지 이해할 수 있다.

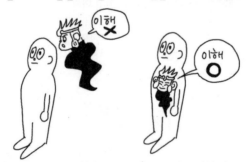

내가 이해하려는 대상으로 볼 때와 주체의 입장에서 볼 때의
시각은 다르다.

내가 그 사람의 말을 듣는 것과 같은 방식.

내가 그 사람이 되어서 스스로 설명하는 방식.
이 두 가지 관점을 모두 이해해보려고 노력한다.

연기인지 진짜인지 구분이 안 가.

이 정도가 되면 그 사람에 관련된 이해와 공부는 끝났다.

공부란 내가 모르는 것을 터득하는 과정이다.
나를 버리고 대상과 하나 되는 노력이 필요하다.

우리는 하나.

부록1.
공부에 도움이 되는 명상의 효과들

⭐1 집중력과 창의력

나는 명상을 통해서 머리를 틔울 생각을 중학교 때 했었다.
그 이유는 공부가 안 돼서였다.

이정도 했으면 머리가 좋아져야지….
나만 그런가 찾아보았다.

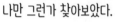

그러다가 발견한 주리반특.

주리반특은 아무리 노력해도 4줄짜리 시 반
정도만 겨우 외웠지만 아라한이 되었고,
붓다의 제자 중 신통 서열 3위가 되었다고 한다.

명상은 내적 행복과 신통력은 얻게 해도,
기억력 증진에는 큰 도움이 되지 않는다.

그렇다고 공부에 전혀 도움이 안 되는 것은 아니다.

내 경험상 명상을 하면 창의력이 압도적으로 개발된다.
각종 창작 활동을 하는 사람들에게 큰 도움이 된다.

명상은 내면에 이미지를 떠올리거나 그리는 상상 훈련이 많다.

자신만의 메타버스를 만들 수 있고 그 영역을 무한대로 확장할 수 있다.

거기에다 구상능력까지 탁월해진다. 예를 들자면 똑같은 식재료를 가지고도 맛깔나게 음식을 만든다든지, 동일한 옷감 재료로 멋진 의상을 만들어내는 능력이다.

평범한 재료로 이런 맛난 음식을 만들다니!

이는 창의력의 결실이다. 틀 안에 갇히지 않는 자유로운 생각이다.

이런 다방면의 관점을 통해 재료를 재구성해서 가장 잘 맞춤한 구상을 도출해내는 것이 명상의 파워이다.

인공지능이 대부분을 차지하게 될 미래에는 창의력이 더 각광받게 된다.

과거에는 암송을 누가 더 잘하냐에 맞춰져 있었다. 책이 많지 않고,
사회가 단순하여 습득하는 지식의 양이 제한적이었다.

그러나 인터넷이 발달한 지금은 암기력보다는 유효한 자료를
효율적으로 검색할 수 있는 능력이 우선시되고 있다.
이 능력만 있으면 적어도 같은 출발점에 서게 된 것이다.

② 두뇌개발

애플은 자사 제품에 직접
개발하고 운영체계를 사용하여 최고의 성능을 발휘하고 있다.

반면에 다른 기업들은 자사 제품의 운영체계를 장착하지 못하고 있다.

스마트폰이 나온 지 10년이 넘어가고 있지만 한번 충전한
배터리는 하루 사용에 그치고 만다.

대안으로 고속충전이 나왔다.
7~8시간 걸리는 충전 속도를 1시간 남짓으로 단축시켰다.

명상으로 두뇌가 개발되지는 않는듯하다. 그러나 위의 내용처럼
애플이 전략과 고속충전이라는 방법으로 스마트폰 사용환경을
최적화했듯이 명상은 우리의 두뇌를 효율적으로 관리한다.

⭐3 통찰력과 자존감

명상을 통해 창의력과 함께 통찰력도 강화된다.
선불교에서는 직관지를 중요시하는데, 이는 철학을 넘어서는 미학이다.

명상으로 내면 조절이 가능.

바둑에 "옆에서 훈수 두는 사람이 1급 더 높아진다"는 말이 있다.

대국에 임하지 않고 옆에서 훈수 두는 사람이
더 객관적으로 볼 수 있다.

홀로 수행하는 사람들은 사회적·보편적 변화에 둔감하다.

옛날의 국사나 왕사가 되어 왕이 자문을 받던 고승들은
중국의 선진 문물을 배워 온 최고의 지식인들이었다.

명상은 내면으로 떠나는 여행이다. 비교 대상이 있을 수 없다.
나와 비교할 대상이 없으니 나의 자존감은 문제가 생길 수 없다.

명상가는 나를 중심으로 우주를 돌리는 사람이다. 독존의 행복을 경험하고, 무한한 자존감이 확립된다. 우주의 운행조차 내 마음속 그림이자 파동이다. 무엇도 나의 존재를 방해할 수 없다.

실제로 나 역시 다이아몬드 멘탈을 갖고 있기에 다른 사람의 판단에 흔들리지 않는다. 다이아몬드 수저로 태어나지 않았지만, 다이아몬드 멘탈은 갖고 있어야 한다.

자존감은 현실에서 자신감으로 구현될 때가 있다.
자신감은 독이 되기도 하나 현대의 스펙 강조 시대에는 플러스 요인이 더 크다 할 수 있다.

★ 4 지구력과 경쟁력

명상인의 내면은 메타버스 속에서 모든 통제권을 갖고 있다.
가장 강력한 독립된 존재가 된다.

스스로 각성하고, 더 이상 타자가 필요 없는 슈퍼맨과 같은
영웅으로서 발걸음을 내딛게 된다.

현대사회에서는 지구력이 최고의 덕목은 아니다.
예로부터 지금까지 신(생김새)·언(말씨)·서(문체)·판(판단력)을
중요하게 생각한다.

요즘 뜨는 연예인들을 보면 외모와 말솜씨가 얼마나 중요한지 절절히 느끼게 된다. 지구력이 중요한 경쟁력이기는 하지만 이런 고농도의 경쟁력에 필적하기는 쉽지 않다.

하지만 외모와 말솜씨가 평범한 일반인에게는 지구력이 큰 강점이 된다.

만일 외모와 말솜씨 거기에다 명상으로 지구력까지 겸비하게 되면 긴 시간 인기를 얻을 수 있는 슈퍼스타가 될 것이다.

지구력은 아이돌이 배우로 변신하는 데 필요하다. 그동안 화려했던 영광을 내려놓아야 하고

당장은 '발연기'라는 악평을 감내하고 우직한 노력으로 자신을 재구성해야 한다.

이런 점으로 볼 때 지구력은 삶이 필요로 하는 중요한 경쟁력으로, 약방의 감초같이 귀한 역할을 한다.

⑤ 감정 조절과 자기 돌봄

어린 시절 서울은 흙바닥이 흔한 풍경이었고,
시골스럽고 정겨운 분위기가 물씬 났다.

그러나 현대인들에게는 그런 정취가 많이 사라졌다.

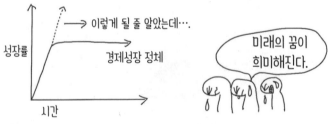

SNS로 비교 대상을 보며 느끼는 상실감과 박탈감….

거기에 감정 포장까지 요구한다.

한국인의 '화'에는 '빨리빨리'로 대표되는 급한 성격,
남성중심주의 등의 문화적 요인이 작용한다.
세계 의료계는 〈DSM-IV〉(1994)에서 한국말 그대로
'화병(hwa-byung)'이라는 병명을 수용했을 정도다.

명상은 자기 조절이 가능하기에 화를 진화하는
소화기가 될 수 있다. "분노가 치민다면 1에서
10까지 천천히 헤아려라"라는 말도 그래서 나왔다.

셰익스피어

너의 원수로 인해 난롯불을
뜨겁게 지피지 마라.
오히려 그 불이 너 자신을 불태우리라.

명상은 내면 여행을 통해 자기를 돌볼 수 있는 과정이다.
빽빽한 삶을 이완시켜주고 "멍때리기"를 통해 힐링을 선사한다.

⑥ 너그러움과 대범함

명상인은 전 우주가 내 안에서 돌아간다고 생각한다.
이를테면 세상은 내가 꾸는 꿈과 같다고 생각한다.

명상인은 일체를 우주의 눈으로 보는 거시적 안목으로
여유롭고 너그러운 마음 상태를 유지한다.

명상인은 어떠한 상황에도 감정적으로 침몰하지 않는다.

대범함 역시 같은 논리 구조이다. 상황을 1인칭 시점과 드론 촬영 같은 3인칭 시점으로 동시에 파악하는 데서 대범함이 나온다.

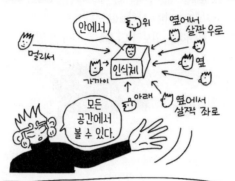

명상은 투쟁적인 삶 속에서 흔들리지 않고 올바른 판단을 하는 데 도움을 준다. 작은 얽매임에 의한 자잘한 스트레스를 해소해 준다.

멋지고 행복한 삶을 살 수 있도록 해 준다.

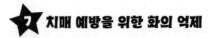

치매 예방을 위한 화의 억제

2020년 기준 한국인의 기대 수명은 83.5 세다.
80세를 넘기는 사람들이 부지기수다.
이 시대에는 암보다 더 무서운 치매가 있다.

이에 비해 치매 환자는….

마침내 대소변도 가리지 못하고 오히려 육체적으로는 건강해진다.

그래서 치매 환자를 요양원으로 모시는 경우가 있는데 중증 치매
환자는 통제하기 어려워 어쩔 수 없는 방편을 쓰기도 한다.

그런데 명상을 하게 되면 일정 부분이나마 치매를 예방할 수 있다.

명상은 내적인 정신의 컨트롤이자 자신의 세계관을 만드는 것이다.

이런 점에서 명상은 인류가 치매를 극복하기 위한
현존하는 최고의 해법이라 할 수 있다.

부록2.
가장 쉬운 명상 비법

명상은 조신, 조식, 조심의 3단계를 거치면서 명상 상태에 이른다.

1. 자신의 몸과 싸우는 사람들

조신은 몸을 편안하게 하는 것이다. 명상은 정적인 자세를
유지해야 한다. 그러므로 적당한 스트레칭은 신체 건강과
정신 컨트롤에 도움이 된다.

그러나 몸을 조복, 즉 과도하게 무리한 방법으로
복속시키는 것은 바른 방법이 아니다.

나는 푹신한 깔개와 쿠션 등으로 편안하게 누울 수 있다면 굳이 조신을 할 필요가 없다고 말한다.

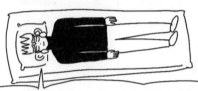

바른 자세로 독서하는 것이 최상이지만, 책 내용을 이해하고 즐길 수 있다면, 몸에 나쁜 영향을 주지 않는 자세라면, 문제될 것이 없다.

물론 특정 자세가 명상에 유리하기는 하다. 그러나 마스터가 될 생각이 아니라면 힘들게 특정 자세를 고집할 필요는 없다.

2. 호흡에 꽂힌 사람들

조식은 조신으로 육체를 안정시킨 상태에서
호흡을 가다듬는 것이다.

처음에는 몸을
스트레칭하듯 호흡을
크고 길게 들이쉬고
내쉬는 것을 반복한다.

운동을 했을 때
호흡이 거칠어지고
커지는 것은 육체에
산소가 많이 필요하기
때문이다.

그런데 흥미로운 것은 정신이 안정되고 집중되면
호흡이 낮고 길어진다는 것이다.

영화나 드라마를
집중해서 볼 때 비슷한
현상이 생기기도 한다.

정신
집중
안정

집중

정신을 컨트롤하는 것은 누적된 훈련이 필요하기 때문에 쉽지 않다.
하지만 인위적으로 호흡을 조절함으로써 의식의 집중을 만들어 낼 수 있다.

이런 효과를 바라며 호흡에 긴 시간을 투자해야 한다.
재수 없으면 호흡법만 익히다 지칠 수 있다.

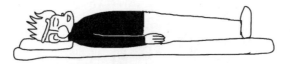

나는 굳이 애써서 호흡을 조절하는 것보다 혼자서 조명을
낮춘 조용한 장소에서 규칙적으로 명상하는 것을 권한다.
잔잔한 음악과 함께 하면 더 좋다.

누워서 하기 힘든 장소거나 소란한 곳에서는 명상하기 어렵다.
그러나 의식을 컨트롤 하는 것에 익숙해지면 이 역시 큰 문제가
되지 않는다. 영어 단어를 조용한 곳에서 암기하는 것이 좋지만,
익숙해지면 카페에서도 쉽게 할 수 있는 것과 같은 이치다.

3. 노잼과 어려움은 최고의 악덕이다

조심이란, 조신과 조식으로 얻게 된 마음의 안정이다.
여기서부터가 본격적인 명상이라 할 수 있다.

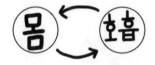

조절하면서 명상 상태로 쉽게 도달.

하지만 도시에서 바쁘게 살아가는 현대인에게 복잡한 명상은
빛 좋은 개살구다. 먹고 살기도 바쁜데 어느 세월에 자세를
만들고 호흡을 가다듬고 있단 말인가?

현대 사회에서 번잡하면서 재미까지 없다면 죄악이다.

지금 도시인에게는 아마추어에게 맞는 현실적인 실전 기술이지
뼈를 깎는 노력 끝에 얻는 장풍이나 묘기가 아니다!

ㄴ. 개도 할 수 있는 3단계 명상법

내가 권하는 명상은 단순하다.

우선 푹 많이 잘 잔다.

그런 후 편안하게 누우면 준비 끝이다.

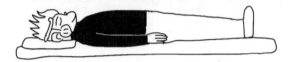

충분한 수면이 반드시 필요하다. 피로한 상태에서 누우면 명상이 아니라 꿀잠을 자게 됨이 자명하다.

명상을 하다 자꾸 잠을 자게 되는 일이 반복되면 명상이 아닌 잠에 반응하는 습관이 된다.

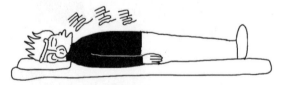

반드시 충분한 잠으로 정신을 또렷하게 만드는 것이 내가 말하는 명상의 핵심이다.

이 조건이 갖춰지면 15분 정도 움직이지 않으면 된다.

가볍게 눈을 감고.

눈썹 사이 미간에 집중~

너무 강하게 집중하면 눈이 사시가 되어 머리가 어지러울 수 있으니 의식을 가만히 매어 두는 정도로만 하는 것이 중요하다.

이런 다음 숨을 들이쉬면서 '현성법신(現成法身)'이라 하고, 내쉬면서 '현법열반(現法涅槃)'이라고 한다.

숨을 들이마시며

현성 법신

숨을 내쉬며

현법 열반

'현성법신, 현법열반'을 아주 간단히 설명하면 "지금 진리가 성취되니, 모든 존재는 그 자체로 언제나 고요하다." 정도가 된다.

마치 호흡과 의식이 연동되어 있어서 호흡의 조절로 생각이 고요하게 되는 것과 유사하다. 이렇게 '현성법신, 현법열반'을 호흡에 맞춰 반복하기만 하면, 미간 사이에서 흰 빛이 나면서 기본적인 명상은 자연스럽게 성취된다. 이 뒤로는 단순 반복과 강화만 하면 끝이다.

최강의 공부 명상법

단박에 성적과 행복을 끌어올리는 명상 비법

ⓒ자현·김재일, 2023

2023년 5월 12일 초판 1쇄 발행
2023년 6월 23일 초판 2쇄 발행

글 자현 • 그림 김재일
발행인 박상근(至弘) • 편집인 류지호 • 상무이사 김상기 • 편집이사 양동민
편집 김재호, 양민호, 김소영, 최호승, 하다해 • 디자인 쿠담디자인
제작 김명환 • 마케팅 김대현, 이선호 • 관리 윤정안 • 콘텐츠국 유권준, 정승채
펴낸 곳 불광출판사 (03169) 서울시 종로구 사직로10길 17 인왕빌딩 301호
대표전화 02)420-3200 편집부 02)420-3300 팩시밀리 02)420-3400
출판등록 제300-2009-130호(1979. 10. 10.)

ISBN 979-11-92997-17-9 (03190)
값 18,000원